整体养育

杨颖　编著

四川教育出版社
·成都·

图书在版编目（CIP）数据

整体养育／杨颖编著.—成都：四川教育出版社，
2021.3
ISBN 978-7-5408-7610-4

Ⅰ.①整… Ⅱ.①杨… Ⅲ.①家庭教育 Ⅳ.①G78

中国版本图书馆 CIP 数据核字（2021）第 040593 号

ZHENGTI YANGYU

整体养育

杨 颖 编著

出 品 人 雷 华
责任编辑 杨 波
责任校对 保 玉
封面设计 松 雪
出版发行 四川教育出版社
　　　　　地　　　址　成都市黄荆路 13 号
　　　　　邮政编码　610225
　　　　　网　　　址　www.chuanjiaoshe.com
印　　刷 三河市泰丰印刷装订有限公司
版　　次 2021 年 6 月第 1 版
印　　次 2021 年 6 月第 1 次印刷
成品规格 145mm×210mm
印　　张 6
书　　号 ISBN 978-7-5408-7610-4
定　　价 36.00 元

如发现印装质量问题，影响阅读，请与本社联系。营销电话：（028）86259605
总编室电话：（028）86259381　编辑部电话：（028）85623358

随着社会竞争日益激烈，父母们都希望能够教出优秀的孩子。遗憾的是，不少父母对如何教育孩子感到无从下手。有的父母想当然地按照自己的想法"教育"孩子，可最后却发现孩子越来越难教，越来越不"听话"，于是，他们的"教育"方法就"升级"为呵斥孩子，甚至是打骂孩子，其结果可想而知。

有的父母不惜血本把孩子送进各种名气很大的艺术班，并且花重金把孩子送到一流的学校，希望孩子样样都好。可到头来孩子的特长、才艺、学习成绩却没有一样突出，孩子甚至还产生了抵触心理，变得越来越叛逆。

为什么父母用心良苦、付出颇多，教育的结果却与其初衷背道而驰呢？究其原因，就在于父母没有真正走进孩子的内心。孩子是一本无字的书，父母在解决孩子的成长问题时，应该从"心灵"入手，而非单纯地从"行为"入手。

教育实际上就是一门"动心"艺术，因此，父母应该了解教育孩子的心理学相关知识。孩子的内心世界，跟成年人是大不相同的。鲁迅先生曾说："孩子的世界，与成人截然不同；倘不先行理解，一味蛮做，便大碍于孩子的发达。"父母教育孩子必须要走进孩子的内心，了解他们的心理，知道他们在想什么，从而"对症下药"，对孩子施以正确的、有效的整体教育方法，这样才能培养出卓越不凡的孩子。

本书旨在帮助父母了解最基本的教育学与心理学知识，掌握科学的教育方法、技巧，用心理学的规律去教育孩子，让孩子更优秀。本书在内容上贴近现实生活，收录的一些实例极具参考价值，是父母了解孩子心理、塑造优秀孩子不可多得的好帮手。

2021 年 2 月

目录
contents

第一章 | 孩子的行为背后，隐藏着哪些秘密

002　为什么孩子频频撒娇

008　为什么孩子总是难以安静下来

013　为什么孩子越来越不爱说话

019　为什么孩子有恋物情结

023　为什么孩子总是爱哭泣

028　为什么孩子会认生

031　为什么孩子睡觉时习惯开着灯

第二章 | 了解孩子的气质和性格类型，顺势引导

038　父母应主动了解孩子的气质类型

043　克制冲动，培养耐心

047　坚持原则，学会变通

051　让情感细腻的孩子学会淡然处之

055　给孩子创造良好的成长环境

058　尊重孩子，不刻意诱导他们的发展方向

062　因材施教，教育不能按图索骥

第三章 ｜ 孩子积极外向，父母需要耐心

068　做了错事自己扛，父母不可越俎代庖

072　不安分的内心，需要更耐心的父母

077　顽皮的孩子都有极高的创造天赋

081　倔强好强的孩子应多引导

085　精力充沛的"捣蛋鬼"

088　别轻易插手孩子的友谊

第四章 | 孩子内敛安静，父母应该鼓励

096 自卑羞涩的孩子需要更多的表现机会

100 脆弱敏感易让孩子胆小怕事

105 积极引导孤僻的孩子走出自己的世界

109 让孩子心里有事儿别憋着

114 当孩子害怕时，父母应及时安慰和鼓励

120 对孩子要有足够的耐心

第五章 | 孩子的不良行为，父母这样化解

128 润物细无声，逐步改掉孩子的霸道性格

132 对待无理取闹的孩子，巧用妙招化解

137 以慈爱融化孩子的自私

141 用爱让脾气暴躁的孩子静下来

144 从小培养孩子的大格局

第六章 | 孩子的负面心理，父母这样调适

150 告诉孩子，自己的事情自己做

153 亲子沟通，态度比内容更重要

157 就事论事，不要旧事重提

161 改掉坏习惯，养成好习惯

165 宽松的教育环境，远胜严苛的态度

169 给孩子一个积极的期望

172 正确的家庭教育方式很重要

177 给孩子一个可以打破的碗

180 你信任孩子，孩子就信任你

第一章

孩子的行为背后，隐藏着哪些秘密

为什么孩子频频撒娇

　　许多父母都有这样烦心的事：我家孩子特别爱撒娇，想管却不知如何下手。家中的老人说，孩子哪有不撒娇的，长大了自然就好了，父母不用管；但又有人不时地告诫我，撒娇过度就是任性，父母一定要纠正孩子的这种习惯。作为父母，我非常纠结，请问我到底该怎么办？

　　其实，儿童在早期有安全感和满足感两大需求，而这两种需求的满足都完全依赖于父母及家庭其他成员，因为他们都是养育孩子的直接参与者。当这两个需求不能得到满足时，孩子就会产生焦虑感，继而就需要通过某种方式达到目的，而对他来说，最简单的方式就是撒娇。

　　孩子对安全感的需求是与生俱来的，这是一种心理状态，是否具有安全感深深影响着每个人的存在状态。人们只有在拥有最基本的安全感后，才可能全身心地放松下来，才能体会到美好的情绪。

　　尤其是处于幼儿期的孩子，父母如果能够给他足够的爱，比如持续的、关切的、稳定的情感，那么，孩子在心理上就会得到充足的安全感，并延伸出对他人及世界的一种信任感。反之，一个缺乏基本安全感的孩子，就可能会常常挣扎在恐惧的精神状态中，并且会耗费巨大的精力去寻求基本的安全感，这样的孩子很难再有意愿和精力去享受生活中美好的事物了。

有些孩子喜欢撒娇，一见到父母，便一个劲儿地搂着父母的脖子不松手，甚至父母走一步，他就跟一步，简直就是个无处不在的"跟屁虫"。这时，父母不免会感叹：孩子跟自己关系太好了！先不要高兴太早，孩子跟父母过于亲近，其实恰恰是父母平时跟他沟通交流少造成的。在这种情况下，孩子向父母撒娇是孩子对安全感极度苛求而平时又求之不得的表现。所以，缺乏安全感才是孩子跟父母过于亲近的原因，父母不要被亲密温馨的表面现象所迷惑。

宁宁的妈妈每天早上去上班的时候，宁宁会从自己的小床上爬起来，用双手搂着妈妈的脖子哭闹着说："妈妈不要上班，不要上班嘛！"宁宁虽然已经五岁半了，但每次都哭哭啼啼好半天才"放"妈妈走。妈妈每次出门上班就像面对人生的重大时刻似的，时间久了妈妈也十分无奈。

其实，妈妈并不知道在自己离开以后，宁宁就像换了个人似的，非常懂事——起床、刷牙、洗脸、认真吃饭喝牛奶，然后乖乖地跟爸爸一起去幼儿园。而且，宁宁在幼儿园里跟小朋友们也玩得不亦乐乎，完全不像一个爱撒娇的小不点儿，她有时甚至会像个小大人儿似的哄哄其他爱哭的小朋友呢！

妈妈也从爸爸和幼儿园老师的口中了解到宁宁在家和在幼儿园那天壤之别的表现，心中感到非常奇怪，但她却并不清楚宁宁到底是怎么了。

那么，在妈妈在与不在的两种情况下，宁宁为什么表现得判若两人呢？很明显，这就是宁宁内心的安全感没有得到满足造成的。原来，在宁宁刚六个月大的时候，"工作狂"妈妈就迫不及待地开始工作了。这样一来，宁宁不得不由奶奶照顾，由爸爸送到幼儿园。妈妈每天早上天不亮就离开，这使得幼小且天生敏感的宁宁觉得自己不受妈妈重视，觉得自己失去了保护，根本没有一点儿安全感。因此，当妈妈每天早上要离开自己去上班的时候，她就会有一种"生离死别"的感觉。

从宁宁的案例中很明显可以看出，孩子的安全感大部分来自父母的关爱。孩子们对世界的陌生感使他们严重依赖父母，他们需要父母和家人足够的关怀与陪伴才能产生足够的自尊与自信，才会有足够的安全感。

孩子是否有安全感这个问题为何如此重要？因为孩子是否具有安全感，对其成人以后的心理健康与否有着重要的影响。一般情况下，那些缺乏安全感的孩子，往往会被冷落、歧视，甚至被欺负，他们常常会觉得自己因为不被家庭和集体接受而被遗忘、遗弃，紧接着就感到孤独、无助。这是一个恶性循环，只有得到父母足够的爱和关怀，才能消除他们这种心理。过早被父母冷落，或者让孩子感到被冷落，往往会给孩子带来一定的生存压力，他们不得不一刻不停地为自己的安全而努力，具体表现为具有各种神经质倾向，包括因孤独而过度自卫，对周围的一切产生怀疑和不信任等。所以，严重缺乏安全感的孩子往往会拥有强烈的自卑和敌对情绪，对此，父母一定要引起重视。

其实，有研究表明，一个孩子在幼儿期，生活的一切都完全依赖父母或他的养育者，他们给了他种种限制和规定。此时的孩子虽然没有充分的自由，却有着非常稳定的归属感和安全感。一旦来自父母的爱缺少或消失，孩子就会感到不安或恐惧，从而表现出与缺乏安全感相对应的种种行为。

由此看来，孩子由于自身生理特点，往往显得十分渺小和无助，他们必须依赖自己的父母或身边长辈的照顾才能成长和发展。如果父母无法经常陪伴在孩子的身边，孩子天生对安全感的需求就无法得到满足。当他们见到父母时，看到的其实是安全感能够得到满足的机会，所以往往就会对父母表现出特别亲近的行为，他们的表现给父母的感觉就是他们在撒娇。

作为父母，应该努力为孩子创造条件，让他们在安心做真实自己的前提下，内心的需求和渴望也能得到满足，这是孩子健康成长、正常发育的关键。因为"安全""被接纳"和"我才是重点"这三种渴望是逐层递进的关系，没有安全感，其他的自然就无从谈起。父母为孩子提供基本的安全感在帮助孩子建立自尊、自信方面尤为重要，而且孩子年龄越小，对安全感的需求越大。此外，父母对待孩子的态度以及父母自身的安全感状态，也会对孩子产生极大的影响。

那么，到底父母的哪些行为会影响到孩子的安全感呢？父母们都应该来对比一下，以下情况有没有在自己身上发生过：

父母在孩子面前毫无顾忌地争吵；父母在孩子的认生期频繁转换看护人，让孩子感到无所适从；父母很少跟孩子亲近，极少与孩子进行身体接触；父母都非常忙，总是突然就消失一段时间；父母总以孩子还小为由不履行对孩子的承诺；父母无限夸大孩子面临的危险，以此吓唬孩子。

以上行为都是不正确的，父母需要及时纠正自己的错误。那么，如何帮孩子建立安全感呢？以下几种方法可供父母参考：

1. 创造和谐温馨的家庭氛围

如果父母因各种原因发生争吵甚至动手，或者是冷战、互不搭理，造成家庭氛围极为紧张，会让孩子缺乏在正常家庭中应有的快乐。大部分孩子很可能会猜测父母是不是因为他才吵架，担心父母会因此离开他，进而无端自责。生活在这样的恐惧状态之中，孩子的安全感自然无从谈起。所以，在孩子的成长阶段，让孩子有一个快乐、和睦的家庭，有疼他、爱他的爸爸妈妈，比什么都重要。

2. 抽丝剥茧寻找原因，对症下药解决问题

如果孩子长期处于紧张不安的状态，父母一定要找出让他感到不安的原因。比如，是因为受到惊吓还是因为家庭成员的变故，或者是因为家里经常冷战不断，又或是因为宠物动静太大、打雷、鞭炮响等令他感到害怕。总之，父母一定不要漠视不管，应该找到原因，然后对症下药，消除孩子内心的恐惧，给予他安慰与爱抚，帮助孩子重新建立安全感。

3．积极参与孩子的成长，多与孩子交流

当今社会每个家庭的压力都很大，很多时候，父母总是有做不完的事，导致明明说好与孩子一起去做某些事，却往往没有兑现，用一句"忘了"轻松打发，其实这对孩子的伤害很大。多次以后，孩子就会对父母失去信任，并且会产生父母不关心自己的错觉，长此以往就会感到非常落寞和孤独，这不是父母想看到的。

所以说，父母一定要参与孩子的成长过程，重视孩子成长过程中的每一个转折点，随时关注他们的成长问题。父母要多抽时间陪伴孩子，给孩子足够的信任与支持，让孩子对父母有归属感与安全感。

为什么孩子总是难以安静下来

现在的孩子给人的感觉是越来越闹腾，一刻都闲不下来，比以前的孩子淘气多了。这是什么原因造成的呢？

刚刚上小学二年级了。他的成绩向来都不太好，在学校里也不受同学的欢迎，与同学的关系普遍不好，最主要的一个原因就是，从上幼儿园到现在上小学，他总是无缘无故"骚扰"其他同学，影响其他同学学习。

刚刚在教室里一刻也闲不下来，更别提安静地坐在凳子上听课了。他总是东看看、西望望，跟左右桌的同学东拉西扯，无论别人怎么说他，他就是没法安静下来。他还总是惹是生非，无缘无故地动手打同学，结果往往两败俱伤。而最让老师无奈和头疼的是，刚刚在上课时无法集中注意力学习，更恶劣的是，他自己安静不下来就算了，还常常影响其他孩子学习，无论是谁被他"盯上"，不管对方是在写字还是在读书，他都会扭头跟人家说悄悄话。为此，班主任也曾多次与刚刚的父母开"联席会议"讨论帮助刚刚的方法，可惜都不奏效。

其实，刚刚本来不是一个惹是生非的孩子，只是不幸患上了"儿童多动障碍症"，这种情况在儿童群体中比较常见。幸亏他的父母及早发现情况不对，通过医生的治疗，刚刚已经恢复正常，并成为了人见人爱的好同学、好伙伴，学习成绩也得到了提高。

许多孩子都属于非常活泼的类型，但父母一定要细心观察和感受，如果孩子太爱动了，像上了发条一样停不下来，就有患多动症的嫌疑。比如，孩子整天翻箱倒柜、上蹿下跳，一刻也不闲着，学习不专心，说话时前后毫无逻辑等。父母一定不要忽视这些情况，因为它们以后很有可能发展成难以治愈的精神障碍，因此要尽早听从医生建议，对孩子进行治疗，而越早介入治疗，孩子就会越早摆脱困扰。

关于"儿童多动障碍症"，曾经有研究表明：有些孩子的行为似乎总是停不下来，他们不但情绪容易起伏，还常常惹出很多麻烦。其症状通常表现为活动过多、自控能力差、容易冲动、比较任性、注意力难以集中等。因此，出现以上情况的孩子很有可能出现了儿童心理障碍。

儿童的这种心理障碍一般发生于 3 ~ 12 岁，如果不及时对其加以矫正，会对孩子以后的成长与发展产生极大的负面影响，甚至会导致他们无法正常生活。

"儿童多动障碍症"主要有以下三种类型：

1. 多动又冲动

这一类型的孩子会在不恰当的场合表现得过于活泼，无法停下。在课堂上，他们无法安静地坐在座位上，总是扭来扭去，甚至会当着老师的面走来走去。

2. 无法集中注意力

这一类型的孩子总是无法集中注意力做一件事，很容易出现烦躁、丢失东西等情况，或者难以集中注意力、缺乏对某件事的专注力等。

3. 多样混合型

这一类型的孩子既会出现第一种类型的症状，又会出现第二种类型的症状，或者还出现其他类型的多动症症状。他们会表现出类似病症的"交叉感染型"症状。这些症状对孩子造成的危害最为严重。

无论孩子属于哪种类型，只要就医确诊后，父母一定都要重视起来，尽早予以治疗，解除孩子的痛苦。

给孩子和家庭带来巨大困扰的多动症，到底是什么原因导致的呢？

1. 父母尤其是老一辈人对孩子过于溺爱。

2. 父母过于放纵孩子的行为，对孩子毫无约束。

3. 父母过于严格。

4. 家庭饮食不合理，尤其是含铅量过度的饮食会导致孩子的生理行为变异，从而导致孩子产生多动症的倾向。

由此可见，过于放纵或过于严格的教育方式不仅会给孩子带来身心伤害，也是造成孩子患多动症的最大因素。那么，对于已经患多动症的孩子，父母应该采取怎样的治疗措施予以纠正呢？

1. 采取快速有效的药物疗法

如果医生的诊断结果表明孩子的情况非常严重，那么父母一定要及时采取药物治疗的方法，切记治疗一定要在专业医师的指导下进行，不可自己盲目行动。

2. 增强孩子的适应能力

父母平时应教孩子学会以平常心对待他人，不卑不亢，既能接受他人的赞扬，也能接受他人的批评，学会实际、常用的待人技巧。因为患有多动症的孩子往往在人际交往与适应社会等方面表现较差，所以父母应该多让孩子学习如何保持良好的人际关系，让孩子学会处理生活中出现的挫折和恼怒情绪，以此缓解多动症的症状。

3. 治病治根，治理源头

孩子患了多动症，父母也要进行学习，掌握一些对孩子不良行为进行管理的方法。父母还需要给孩子的康复创造一种长期有利的生活环境，从根本上重视和满足孩子的精神需求，使孩子减少内耗行为，从而逐渐培养孩子良好的生活习惯。

4. 给予孩子更多的关心

孩子出现多动症，说明家庭环境中可能存在让孩子不舒服、不可忍耐的问题，比如，家庭教育方式方法不合理、父母教育观念冲突、亲子关系不融洽等。所以，父母一定要客观看待多动症，不能责怪患病的孩子。要知道，家庭成员之间的不和谐也是引发孩子不良情绪的主要原因。父母要关心、安慰孩子，积极采取治疗措施，以使患病的孩子尽快好转。

5. 因材施教，不盲从

父母切勿盲目将自己的意愿强加给孩子，毫无根据地望子成龙，对孩子施行强制的填鸭式教育。父母应使孩子在轻松愉快的环境中度过童年，避免孩子出现紧张、焦虑情绪，以及由于心理压力而产生的压抑、多动等症状。

6. 避免环境伤害

有研究表明，铅元素会诱发多动症。父母平时应避免孩子出现误食、误触铅元素的行为。

总之，父母所采取的一切措施都是为了让孩子拥有一个健康、快乐的童年。

为什么孩子越来越不爱说话

在日常生活中，有些孩子性格安静、不爱说话，当他们迫不得已需要跟别人沟通交流时，他们也只是用一些肢体语言，如摆摆手、点点头等方式与别人进行简单的沟通，恨不得自己是个隐形人。

其实孩子并不是生来就不喜欢与人交流，有些孩子在学会说话以后，也会欢快地与人交流，但随着环境影响和其他因素的变化，他们渐渐地很少说话了；还有些孩子，并不是一直沉默寡言，而是在一个特定的阶段表现出沉默，无论别人怎样试图跟他们讲话，他们也一句话都不愿意说，甚至眼睛也会看向别处，表示出完全不想跟人交流的意愿。

这些情况说明孩子极有可能罹患了"儿童选择性缄默症"。这是儿童精神障碍的一个类别，孩子一旦患上这种精神障碍，就会产生焦虑，不爱说话，尤其在某些特定的场合和时刻，他们会表现得极度害羞、怯场，总想以"默默无言"来获得心理安慰、减少内心的恐惧感。不言而喻，这种情况持续的时间越长，对儿童的影响也就越大、伤害也就越深。一般情况下，这种症状常常在孩子 3～6 岁出现。其中，女孩患病的概率相对男孩要高。这种情况也属于儿童罕见的心理失调，因为一旦患病，孩子的行为、智力和学习能力并不受影响，他们仅仅会在社交时显得非常胆怯。其实，他们拥有与正常人一样的语言能力和理解能力，但是在某些需要言语沟通、发言的场合，这些孩子的弱点就一览无余了。

这类孩子总是以不说话、拒绝眼神交流等方式表达自己的态度。以这种态度跟他人交往与沟通，自然也不会有好的结果。其实，他们也不是完全拒绝与任何人的沟通，他们在自己家里往往跟普通人无异，会正常交流、欢笑，但一旦到了学校或公共场合，他们就会立刻自动开启"沉默寡言"模式，拒绝与任何陌生人交流。

学生开学的日子又到了。开学这天，作为三（2）班的班主任，热情又负责的马晓光老师早早地来到了学校，等候新学生的到来。新学生进入教室看到他后也都争相问好，然后三三两两地忙着找座位，拿课本，已经落座的则开始窃窃私语……看学生来齐了，马老师又鼓励大家做自我介绍，学生们也都争先恐后地上台展示了自己。从学生们的欢笑声中，马老师感觉到这些学生都是非常活泼可爱的孩子。

不过，经验丰富的马老师还是敏锐地发现，角落里有一位学生一直平静地看着周围同学嬉戏打闹，一副好似与己无关的样子，也从没有与周围同学有任何交流。就连刚才的自我介绍，她也只是小心翼翼地站起来说了一句"我叫陈乐乐"，然后就急匆匆地坐下了。总之，她一个人安静地坐在那里，还时不时地紧皱眉头，一副小心翼翼、生怕惊扰别人的神情。马老师已经有十多年的教学经验了，他明白，此时不宜直接过去问她为什么会这样，于是，他决定先观察一阵子再说，免得引起不必要的麻烦。

就这样，一个多星期过去了，角落里的她依然状态未改，一进入学校就嘴巴紧闭，不与其他同学有任何交流。很多老师都以为她是因为不适应刚刚换的这个新环境，才会表现得如此不安，所以就没怎么在意。但马老师可不这么认为，他知道一般只需两三天这帮孩子就能打成一片。于是，马老师开始尝试接近乐乐，可每当他有这样的意图时，乐乐总会条件反射地往旁边躲，而且，乐乐的眼中还充满了警惕和不安。

后来，马老师从经常送她到学校的奶奶口中得知，从三岁半开始，这个小女孩就出现了不爱说话的情况，性格也从以前的活泼开朗变得越来越孤僻，与刚开始那个性格开朗、爱说爱笑的孩子完全判若两人。具体的情况奶奶也不清楚，只是隐约听孩子的妈妈说过，有一次孩子的妈妈与爸爸吵架，双方都有些情绪失控，甚至出现了摔东西的行为，这让孩子非常害怕，她一边哭一边抱住爸爸的腿说："不许打妈妈，不许打妈妈，爸爸是大坏蛋……"当时，爸爸正在气头上，再也没有了平日里的温和，也不再把孩子当成是"小棉袄"，而是恶狠狠地说："松手！再不松手小心我打你！"说完便一脚将孩子踢翻在地上。孩子从来没见过爸爸还有这样魔鬼一般的样子，吓得哇哇大哭起来。从那以后，孩子的性格发生了很大变化，做什么事都是畏畏缩缩的，跟人说话也都是小心翼翼的，表现出一副不愿与人交流的样子。

听了奶奶的这番话，马老师认为这是典型的由于家庭教育不当而造成孩子产生心理障碍的情况，于是立刻跟孩子的爸妈取得联系，并建议孩子的爸妈立刻带孩子去看心理医生。后来，医生经过认真诊断，确认孩子患了"儿童选择性缄默症"。经过一段时间的治疗和矫正，加上爸爸妈妈认识到了自己的错误，一起跟孩子道歉，并承诺以后会处处反省自己的行为，争取为乐乐创造一个健康、积极向上的成长环境，乐乐的情况出现了极大好转。

研究发现也表明，"儿童选择性缄默症"的产生主要是由于孩子心理的急剧波动以及家庭环境优劣程度的急剧变化而造成的。经大量的调查研究发现，患了"儿童选择性缄默症"的孩子大都有深深的感情创伤，这种感情创伤大多与父母不注意孩子的情绪变化、不顾及孩子的感受有关。一般情况下，如果家庭经常发生矛盾冲突，或者父母对孩子的教育过于简单粗暴等，让孩子在小小的年纪就经受很大的精神刺激，从而出现"缄默症状"。这实在让人痛惜，因为这种情况本可以避免发生。

另外还有一种情况是父母一方对孩子的保护和要求过于严格，使孩子无法与他人正常地交流。当周围的人都把门关上的时候，孩子只好选择"沉默"，这既是自我保护的方法，也是被迫选择的策略。

综合来说，这类孩子往往性格比较脆弱、孤僻，不愿参与集体性的活动，人越少感觉越舒服；一点小事就可能让他们发火或哭泣，遇到陌生人会非常胆怯怕羞。长此以往，这类孩子的独立生活能力会变得很差，无论是在情感上还是在生活中，都离不开人。所以，父母一旦发现孩子有这种症状，不可忽视，务必要及时采取措施。

如果孩子不幸患上"儿童选择性缄默症"，父母不要自怨自艾，首先要树立信心，平时要注意减少或避免粗暴的呵斥，抽出更多时间和精力关爱孩子。通常，家庭环境对治疗效果起着非常重要的作用，因此父母要积极配合治疗，给孩子营造良好的家庭环境和氛围。

1. 不强迫孩子说笑

孩子出现症状后，让孩子马上改变状况是不现实的，更不可让他们"强颜欢笑"，父母要接受现状并耐心地帮助孩子逐步恢复。对正在学习语言、处在成长发育期的孩子来说，父母要尽量避免再给他新的不良刺激。如果一味地强迫孩子说话，只会适得其反，治疗效果也会大打折扣。

所以，改变孩子不可急于求成，父母最应该做的是为孩子营造一个宽松自由、幸福快乐的家庭环境，使孩子的性格变得快乐开朗起来。

2. 多参与孩子的活动和成长

若孩子有了不爱说话、不爱交际的症状，此时父母要付出更多的精力去关心孩子，多了解孩子的情绪变化和情感需求，尽力满足孩子的需求，多与孩子进行贴心的沟通和交流。牢记一点，缺少关爱的孩子往往会比较胆小懦弱，并有惴惴不安的行为表现。因此，多陪伴孩子是为人父母必须要做到的，一定要多花时间关爱孩子，让他们快乐、健康地成长。

此外，父母还要注意引导孩子多与同学接触，多让孩子与开朗的小伙伴待在一起，增强其社交能力，避免其养成孤僻性格。父母也可以陪孩子与他的伙伴们一起做些有趣的游戏，这样既能增进感情交流，还能从中鼓励孩子大胆地表达心中的想法，驱散孩子内心的孤寂和恐慌。同时，父母要告诉孩子不要为了一点小事去计较，要心怀友爱，与人为善。在父母耐心的陪伴和引导下，孩子的心理状态往往能较快地得到改善，并迅速回归常态。

3. 帮助孩子适当减压

如果孩子获知自己得了缄默症，谁的压力最大？除了父母外，孩子内心的压力也是常人难以想象的。因此，父母和周围的人对孩子的沉默不要过分提及，避免给孩子增添不必要的压力。父母可尝试用一些愉快的事来分散孩子的注意力，缓解孩子的负面情绪，比如带孩子到他喜欢的地方，陪他玩喜欢的游戏。当孩子情绪松弛、心情舒畅的时候，趁机诱导他说出一些简单的想法，慢慢培养其语言表达能力。例如父母可以这样说："这个游戏是你玩得最好的一个！""哦，我们要拼尽全力才能赶上你，你太棒了，宝宝！"慢慢地，孩子一定会变得活泼起来。

为什么孩子有恋物情结

上幼儿园中班的大壮，平时是个非常乖巧的孩子，在幼儿园里和其他小伙伴玩耍的时候也很懂事，总是让着弟弟妹妹们。可是，他也有软肋，那就是谁也不能动他的奶瓶，只要谁动一下，他不但会哭闹个没完，还会抛弃平时"谦谦君子"的形象，不顾一切冲上去跟人"拼命"。

说起这个奶瓶，那可真是大壮的宝贝。从进入幼儿园起，他就总是将他的奶瓶像宝贝一样地放在书包里，甚至午睡时，也会专门把奶瓶掏出来抱在怀里才肯睡。如果醒来发现奶瓶不在身边，他就会发疯似的到处寻找。

刚开始，老师和父母对大壮的这种行为举动并没有觉得不妥，但是随着大壮的不断成长，他的这种情况不仅没有丝毫改变，甚至更加严重了，老师和父母这才觉得有些不对劲儿。为了不影响其他孩子，也为了让大壮改掉这个小毛病，父母就将他的奶瓶没收了。不曾想，这下可惹恼了大壮。他开始大哭大叫以示抗议，甚至整整一天都赌气不吃任何东西。父母见孩子这么倔强，又心疼他一天没吃东西，就只好把奶瓶还给了他。

面对大壮的这种情况，爸爸妈妈是既心疼又手足无措。其实，这是孩子中比较常见的一种恋物症，即一个人迷恋某一个人或某一件物品，并以此作为自身情感的寄托和依赖，从心底里予以保护。撇开人不说，孩子迷恋的物品五花八门，比如鞋、手套、发夹、玩具等，他们以此来寄托自己的情感，满足心中的安全感。在生活中，不少父母也常会见到有些孩子总是对某一物品喜爱至极，时刻带在身边，不管什么时候、什么情况都不会离开它。有的孩子甚至上了小学，还对自己幼儿园时期的某一件物品非常迷恋，只要它一刻不在身边，孩子就会感到害怕和不安。

为什么会出现这种情况？这是什么原因造成的呢？研究发现，这其实与孩子在幼儿期的心理发育受阻有很大关系。无论孩子迷恋哪种物品，都是情感缺失、心理发展不完善造成的。请婴幼儿父母牢记，这种情况的发生多起始于孩子半岁到三岁之间，而且，如果父母不及时予以纠正，这种情况可能会一直持续到十岁左右，更严重的可能会持续一生，严重影响孩子的身心健康和日常生活。

关于孩子产生恋物情结的原因，大致可归结如下：

1. 父母对孩子的关爱较少

孩子的幼儿期也是情感极度依赖时期。如果此阶段父母经常与孩子分离，就会使孩子在依赖形成的关键期得不到父母的爱抚和关怀，无法建立持续的安全感，从而导致孩子把某些人或物品当作父母的象征或替代品，把情感都投射在上面。也就是说，孩子把自己对父母的依恋之情转移到对物品的迷恋上。

2. 分床太早

有些父母为了锻炼孩子的独立性而过早地让孩子独自睡觉，这违背了婴幼儿生长发展规律。环境的变化会让孩子遭受巨大的刺激，从而导致孩子出现各种不适应的奇怪行为。通常，孩子在无所适从或是缺乏安全感的情况下，会设法通过各种方法来安抚自身的情绪，这就包括迷恋某一件物品。所以，父母在能力范围内，尽可能不要过早让孩子自己住一间屋子，睡一张床。

3. 父母与孩子肢体互动太少

很多父母可能还没搞清楚一点：孩子与父母进行身体接触，能够减少孩子心中的紧张感，他的感知会因此得到发展，心理也会得到放松。如果父母认为与孩子嬉戏玩闹是浪费时间，与孩子很少有肢体上的接触，而经常用小被子、毛绒玩具等比较柔软的物品来应付孩子，那么久而久之，孩子就会把情感投射到这些物品上，从而迷恋上这些物品。

总之，孩子之所以会产生恋物情结，很可能与幼儿期不良的生活环境或父母不当的教育方式有关。所以，父母要用科学武装自己，为孩子创造良好的生活环境，用科学的教育方式教育孩子。

如果孩子产生恋物情结，可以采取以下措施：

1. 转移孩子对迷恋物品的注意力

孩子之所以会特别迷恋某一个人或某一件物品，往往是特别无聊、孤独造成的。父母可以先改变孩子对某一件物品因过度依赖而投入更多情感的情况。比如，父母经常与孩子在一起，陪他一起玩耍，并逐渐让孩子在不知不觉中转移对迷恋物品的注意力。用这种方法可以慢慢淡化孩子的恋物情结，使孩子逐渐脱离物品迷恋，拥有正常的情感依恋。

2. 让孩子多接触世界

孩子恋物，往往是因为他所生活的环境过于单调和封闭。想要改变孩子的恋物情结，帮他走出恋物的封闭空间，最好的办法就是开阔孩子的眼界，打开孩子封闭的心灵，这样孩子自然而然就会转移注意力，不再迷恋某一件物品。

3. 丰富孩子的玩具和用品

如果孩子长期接触一件物品，恰巧又有情感需求，那么孩子通常会迷恋上它。所以，给孩子买的玩的或用的小物品可以多样化、丰富化。将这些物品都送给他，让他轮流玩耍或使用。这样，他也就无法对其中的某样东西"偏爱"了，这在一定程度上也可以避免孩子迷恋某一件物品的情况发生。

4. 多与孩子接触，避免生疏感

平时多给孩子拥抱，让孩子体会到来自父母的关爱和抚慰，满足孩子情感依附的需求。同时，父母的这一行动也在明确告知孩子，父母是爱他的，关心他的，父母会让他处于安全环境中。时间久了，孩子会对父母产生浓厚的依恋之情，自然就不会轻易再将情感投射到其他物品上。

为什么孩子总是爱哭泣

　　哭是孩子表达情绪最直接的一种方式，孩子哭的原因也有很多种，可是父母在对待爱哭的孩子时，往往没有多少耐心。其实大部分时候孩子并不会无缘无故地哭，父母一定要认真分析，找出原因，才能解决问题。

　　刚上一年级的胖胖是个非常可爱的小男孩，在学校里也深受老师和同学的喜爱，大家都喜欢和他交往。但是，他有个不大不小的毛病：常因为一点儿小事就哭哭啼啼，而且哭的时候动静还非常大。每当胖胖大哭时，在学校老师会安抚他，若是在家的话就惨了，妈妈会很不耐烦地责骂他："男子汉有什么好哭的？""整天哭哭啼啼可不是好孩子！""别哭了，再哭坏人就会来把你抓走！"

　　妈妈认为，胖胖爱哭是个非常不好的习惯，一是怕孩子哭坏了身体，二是男孩整天哭哭啼啼显得懦弱，她不想让儿子成为一个懦弱的人。所以妈妈经常敲打甚至吓唬胖胖，时间一久胖胖就不敢再当着妈妈的面哭了。但他还是有委屈或不高兴的时候，这时他只能躲在自己的房间里默默伤心流泪。

有一次胖胖放学回到家，妈妈发现孩子眼圈儿有点儿红，知道孩子遇到了麻烦，赶紧问他怎么回事。胖胖咬着嘴唇不说话。妈妈意识到问题严重了，就追根问底，谁知胖胖就是不说话。正好班主任打电话过来，说下午胖胖假装生病故意不上体育课，一个人躲在教室里默默哭泣。经过和班主任的进一步沟通，妈妈才弄明白了事情的原委。原来，自从妈妈吓唬胖胖后，他心里非常难过，但也不敢当着妈妈的面哭泣，时间久了，觉得委屈，就找个机会在教室里释放自己的情绪。班主任还告诉妈妈，胖胖最近情绪很低落，如果长期这样下去，就会引发多种心理疾病，严重的话，会影响孩子身心健康发展，所以父母一定要重视起来，与学校一起帮助孩子，将孩子拉回正常的身心发展轨道。妈妈听到这些才明白过来，自己让孩子承受了如此大的压力。

其实，许多孩子都爱哭，甚至动不动就泪花闪闪。然而面对孩子的哭泣，许多父母都不以为意。他们忽视了孩子为什么而哭，往往以"不哭了，别哭了，乖"等语言简单地哄一下，甚至不顾孩子的承受能力，用严厉的语气制止孩子哭泣。大部分父母不知道"哭泣"其实是人类正常生理情绪的宣泄，也是人类表达感情的一种方式，尤其是孩子表达能力弱，他们会通过哭泣引起成人的注意，以此满足自己的需求。而父母忽视孩子的需求，或者严厉地阻止孩子哭泣，会给孩子带来很深的心理伤害，甚至会影响孩子正常的心理发展。尤其是年龄较小的孩子，当自己的某一需求得不到满足时，就有可能哭闹，或者自己受了某种委屈，也会以哭泣来表达心中的不满，这都是孩子表达需求的方式。因此，父母千万不可轻易忽视或者以恶劣态度拒绝孩子的"求助"。在面对孩子的哭泣时，父母采取的措施不同，得到的结果也具有极大的差异。

父母对孩子进行言语威胁和喝止，孩子无力反抗，需求也没有得到满足，只好强忍泪水，独自化解不良情绪。

父母严厉制止孩子哭泣，却激发了孩子的抵触心理，孩子哭得越发厉害，父母则以更严厉的手段压制，形成恶性循环；但若父母面对孩子的哭泣立刻妥协，孩子就掌握了控制成人的"武器"——哭！

父母若对孩子的哭泣予以正确对待和引导，让孩子的需求得到满足，并让孩子学会正确表达需求的方法，孩子从此就会变得愈发坚强、乐观、积极向上。

父母对待孩子哭闹的态度最为关键。父母都希望孩子永远幸福快乐、活泼开朗，但哭和笑都是孩子真实情感的流露，父母要接纳孩子哭泣、允许孩子哭泣，并在合适的时机与孩子好好沟通，让孩子建立良好的表达习惯，这才是对孩子最好的关怀，也是孩子健康成长的保障。

其实，哭泣并非坏事。有研究表明，人在痛哭时所流的眼泪中含有有害身心健康的物质，而当风沙细物进入眼中时所流的眼泪中则没有这些物质。当我们产生较大情绪波动或遭受情感冲击时，就会产生大量的泪水将体内多余并有害的化学物质快速稀释并排泄掉。所以，人在情绪低落时，哭泣后就会产生心情舒畅的感觉。由此可见，孩子正常的哭泣能够产生积极的心理效应，对情绪调节有着不可或缺的作用。如果孩子在非常委屈或激动时，酣畅淋漓地大哭一场，能非常好地宣泄负面情绪，从而避免负能量的聚集。

所以，在日常生活中，让孩子哭一哭并不一定是坏事。而且，非常多的事实和科学研究都表明，孩子哭泣至少有以下几个优点：

1. 排泄不良情绪

越小的孩子越感性，情绪变化越大，如果硬让孩子憋住不哭，孩子内心的不良情绪就得不到释放，这将对孩子的心灵造成很大的伤害。因此，如果孩子因想要宣泄内心的委屈和不满而大哭不止的时候，不要阻止，更不能责备，而要给孩子一个空间，让他痛快淋漓地大哭一场，以减缓心理压力。同时父母要注意观察孩子的情绪变化，不要忘了等孩子情绪平复后及时进行深入沟通，进一步排解孩子心中的忧虑。

2. 缓解紧张情绪

科学研究早已表明，哭泣能大幅度缓解紧张情绪，让人不至于沉浸在负能量中无法自拔，从而降低人因紧张状态而患高血压、抑郁症等病的概率。所以，适当让孩子大哭一场，有助于松弛他紧绷着的情绪，避免不良情绪大量聚集，有利于孩子的身心健康发展。

3. 进行自我心理保护

哭泣的另外一个重要作用是孩子用它来进行自我心理保护。

心理学研究表明，当人受到严重的精神创伤后，如果来一次彻底的宣泄，就可以让紧张的情绪得到有效调节。因此，哭泣是人类进行自我心理保护的一种机制。

其实，喜怒哀乐都是人正常情绪的反映，哭并没有特别之处，只是情绪变化的一个信号，父母要多留意这种信号，才能了解孩子的内心。孩子哭泣并没有什么不好，父母一定要调整好心态，以正确积极的态度面对孩子的哭泣，万万不可随意制止孩子哭，更不能采取一些错误的方式去对待，比如粗暴地制止、恐吓、威胁等。

孩子哭一定是有原因的，只是孩子限于语言表达能力和情绪控制能力不够强，所以在遇到挫折、伤害，或感到悲伤、压力、委屈、失望时，常因难以控制而突然大哭，这也并非出格的事。如果父母强行要求孩子在痛苦面前保持淡定，只会给孩子的身心发展带来灾难性的影响。

为什么孩子会认生

　　风和日丽的一天，妈妈带着1岁半的乐乐在公园小路边的草丛中玩耍。美丽的蝴蝶从乐乐眼前翩翩飞过，乐乐高兴地晃动小手，试图用小手抓住蝴蝶，却见蝴蝶轻盈地从她的手边掠过，逗得乐乐手舞足蹈。这时，邻居家的王爷爷从远处走来，笑眯眯地对乐乐说："乐乐，爷爷抱抱你？"说着，王爷爷就伸出了双手。乐乐"哇"的一声哭了出来，推开王爷爷的手，哭着跑向妈妈。妈妈抱起她一边安慰，一边说："这是王爷爷，怎么不认识啦？上次王爷爷抱你时，你还那么听话，怎么突然间就不乖了？"

　　孩子认生不是突然发生的，它是一个逐渐显露的过程。4个月的婴儿对新奇的事物具有极大的兴趣，所以不害怕陌生人。四五个月的婴儿注视陌生人的时间甚至会多于注视熟人的时间。5～7个月的婴儿见到陌生人时，往往会出现一种严肃的表情。而7～9个月的婴儿见到陌生人时，就会感到害怕了。

　　很多孩子在1岁多的时候都会出现认生现象，其实这是孩子身心发育过程中一种很正常的现象。在心理学上，人们将婴幼儿对陌生的人所表现出来的害怕反应称为"怯生"。过去一段时期，人们认为怯生是一种不可避免的、普遍存在的现象。但是现在许多研究表明，怯生不是一种普遍存在的现象。孩子对陌生人的害怕取决于很多因素，这些因素包括陌生人的行为特点、孩子发育的状况、孩子当时所处的环境等等。

下面是引起孩子认生的几个因素：

1. 父母是否在场

如果父母抱着孩子，这时即使陌生人靠近，对孩子的影响也不大。但是如果父母与孩子有一定的距离，那么孩子在面对陌生人时就可能会感到害怕。

2. 看护者的多少

如果孩子只由母亲一个人来看护，那么他认生的程度可能比由许多成人看护的孩子要高。在托儿所看护的孩子与在家里看护的孩子相比，前者发生认生的情况比后者少。

3. 孩子与父母的亲密程度

孩子与父母的关系越亲密，孩子见到陌生人就越害怕。

4. 环境的熟悉性

如果自己家里进来一个陌生人，孩子几乎没有认生的反应；要是孩子处在一个陌生的环境里，这时有陌生人走进来，那么大多数的孩子都会感到害怕。

5. 陌生人的特点

孩子并不是对所有的陌生人都感到害怕，他们对陌生孩子的反应与对陌生成人的反应完全不同。他们对陌生孩子产生积极温和的反应，而会对陌生成人感到害怕。此外，陌生人的面部特征也是引起孩子害怕的重要因素。

那么父母怎样做才能让孩子不认生或减少认生反应呢？

首先父母要在孩子不认生的阶段（三四个月以下），多带孩子到公共场所中活动，使孩子接受丰富多彩的刺激，让孩子接触各式各样的人群，熟悉男女老少的各种面孔；对于安静内向的孩子，父母要有意创造孩子与人接触的各种条件与环境。这一段时间的训练，也是决定孩子以后是否会认生的关键。

三四个月以后的孩子如果出现了认生现象，这个时候既不要禁止他们与陌生人接触，也不要强迫他们与陌生人接触，否则会适得其反。父母可以经常带孩子到亲朋好友家串门，或邀请他们来自己家做客。但是要避免众多的陌生人七嘴八舌地一起与孩子打招呼或争抢着抱孩子的情况发生，因为这会使孩子缺乏安全感，加重孩子认生的程度。

如果两三岁的孩子依然认生，父母不要当着孩子的面经常提起他这个缺点，以避免增加孩子的心理压力。父母可以常带孩子到儿童游乐场玩，让他与陌生的孩子交往；还可以为孩子寻找不认生的孩子做伙伴；当孩子能够自然地回答陌生人的问话或有礼貌地跟陌生人打招呼时，一定要及时予以肯定和称赞。

为什么孩子睡觉时习惯开着灯

　　生活中有很多孩子都怕黑，不过大部分孩子随着年龄的增长和阅历的丰富，这种情况逐渐会有所好转。孩子从小对黑暗都会心生一种恐惧感，尤其到了夜幕降临的时候，在家里不开灯的情况下，他们会感到非常恐惧。在一些孩子的眼中，黑暗带来的恐惧感甚至远远超过陌生人或其他事物带来的恐惧感。

　　其实，害怕黑暗是人类从远古时代以来就一直遗传下来的一种本能反应，所有人概莫能外，只是程度大小不同而已。如果让孩子待在光线充足的地方，他们会感到非常高兴，会手舞足蹈地跟父母玩上好一阵儿；但是如果让他们待在光线暗淡、环境幽深的地方，他们一刻也待不住，甚至一接近这样的地方就会哇哇大哭。因此，怕黑是孩子的自然反应，是与生俱来的。

　　总而言之，孩子害怕黑暗是正常的心理反应，父母不要打着锻炼孩子胆子的名义强行让孩子去感受黑暗环境带来的恐惧，不然极有可能伤害到孩子。父母应对孩子的怕黑心理以心度心，想想自己小时候肯定也非常怕黑，所以不要因为孩子怕黑而对他们过度苛责，而要查明孩子产生恐惧心理的原因，然后和孩子一起分析原因，逐渐引导孩子掌握科学知识，帮助孩子克服黑暗带来的恐惧感。

　　孩子对一些带有恐惧感的事物的认识还处于充满未知的探索阶段，如果父母在身边予以安慰和正确对待，孩子内心就不会感到害怕；但是如果孩子一个人独处，孩子就会彻底失去安全感，产生恐惧的感觉。所以，父母要多给予孩子安慰和正确引导，并给孩子做好榜样，帮助孩子了解科学知识，使孩子提高对未知事物的认知能力，帮助他们克服对黑暗的恐惧，避免孩子陷入恐惧感中无法自拔。

　　那么，对于已经对黑暗有了极大恐惧感的孩子，我们该如何帮助他们摆脱对黑暗及某些事物的恐惧感呢？

　　1. 让孩子了解黑暗的真相

　　父母应认真跟孩子讲解黑暗的真实面目，让孩子发现自己一直害怕的"黑影"可能只是挂在衣架上的衣服，或者只不过是一堆很久不用的木头而已。这样，孩子对未知事物有了心理准备，就不会再一味害怕，而会开始探究其原理。如此一来，孩子对任何事物都不会轻易产生恐惧感了。所以，只要让孩子发现他们所担心的事情其实非常简单，并不可怕，孩子自然就会消除内心的恐惧。所以，父母可以根据孩子产生恐惧心理时所描述的现象，与他们一起探根求源。当孩子明白了事物的真相，他们心中的结就会自动解开，尤其当他们明白其中的原理非常简单时，往往还会对自己的胆小表示害羞，以后对类似情况都会带着一探究竟的心态对待，而不是轻易相信神秘力量了。

2. 平时寓教于乐，多开导孩子

父母应将科学知识融于生活的细节之中。事情来了父母才临阵磨枪予以讲解，效果大打折扣不说，孩子也没心思听讲。所以，平时要多告诉孩子，世上根本就没有什么鬼怪，它们都是人类自己想象出来的；其实，黑夜是和白天一样正常的自然现象，我们生活的世界，有白天就有黑夜，黑夜并没什么好怕的，黑白交替才是正常的人类世界。如此一来，孩子对黑暗的恐惧感自然就会少了许多。

3. 利用注意力分散的方法逐渐淡化孩子的恐惧感

当孩子说黑暗里有可怕的东西时，父母不要受孩子的情绪影响，跟着害怕或者夸大，而是要用轻描淡写的态度让孩子不要过于在意。父母更不要通过动作或喊叫表现出大惊小怪的样子，而是可以笑着说："我什么也没看见啊。"然后迅速转移孩子的注意力，比如讲一些孩子比较感兴趣的故事，或者给他们喜欢的玩具等。总之父母要通过多种方式来转移他们的注意力，逐渐淡化他们对黑暗的恐惧感。

4. 避免让孩子过早、过多地接触恐怖影像或书籍

一些凶杀新闻、妖魔鬼怪类影视剧，以及一些故意夸大怪力乱神的节目或书籍，对孩子产生恐惧感有着推波助澜的作用。尤其是那些生来就胆小的孩子，其父母一定要多加注意，不要让他

们接触这类节目或书籍。同时，在日常生活中，父母要多引导孩子阅读科普书籍，以增长孩子对所谓鬼怪的科学认识。

5.引导孩子正确对待日月星辰、黑暗与光明

父母应让孩子对自然有个正确的认知态度。晚饭过后很多人都会散步，父母可趁此机会带孩子一起到小区花园里散散步。父母在此过程中可以与孩子一起看月亮、数星星，对月盈月亏、星星的东升西落进行科学讲解，并且多让孩子与同龄的小朋友一起玩耍，从而让孩子明白，黑暗并不可怕，它只是一种自然现象罢了。如果在黑夜里玩得痛快，孩子自然就不会害怕黑暗了。

孩子跟父母过于亲近，其实恰恰是父母平时跟他沟通交流少造成的。在这种情况下，孩子向父母撒娇是孩子对安全感极度苛求而平时又求之不得的表现。所以，缺乏安全感才是孩子跟父母过于亲近的原因，父母不要被亲密温馨的表面现象迷惑。

许多孩子都属于非常活泼的类型，但父母一定要细心观察和感受，如果孩子太爱动了，像上了发条一样停不下来，就有患多动症的嫌疑。父母要尽早听从医生建议，对孩子进行治疗，而越早介入治疗，孩子就会越早摆脱困扰。

好父母日常家教演练

1. 在日常生活中，如果你的孩子出现紧张不安、恐惧等异常行为，你会从家庭教育的角度来找原因吗？

_____

_____

_____

2. 在养育孩子的过程中，你会注意与孩子多交流吗？你与孩子日常交流的形式主要有哪些？

_____

_____

3. 如果你的孩子哭闹不止，你会采取严厉压制的方法还是寻找原因予以解决？

_____

_____

4. 你关注过孩子的情绪表现吗？当孩子有不良情绪时，你会如何做？

_____

_____

_____

5. 你关心孩子的心理发展吗？你是否会从心理学的角度来分析孩子的行为？

_____

_____

_____

第二章

了解孩子的气质和性格类型，顺势引导

父母应主动了解孩子的气质类型

　　有些父母总有一种感觉，别人家的孩子处处是优点，再看看自家的孩子，怎么看怎么讨人厌；自家的孩子淘气不听话、过于敏感，别人家的孩子总是聪明伶俐、处处彰显大气，让人"爱不释手"；一旦受到批评，自己的孩子嘻嘻哈哈、满不在乎，而别人的孩子总是虚心接受批评。

　　为什么小孩子会表现出这样大的差异呢？这是因为不同孩子具有不同性格和气质。跟自我意识类似，气质也属于个性心理范畴，是所有个性特征中持续最久、表现最为稳定的。

　　每个人的气质与性格在出生的时候就有了基本定性。气质是指每个人表现在心理活动和行为方面的典型的、稳定的动力特征，受遗传影响较大。而性格是个人在对现实的态度和行为方式中表现出来的较为稳定的、具有核心意义的心理特征，更多受后天环境影响，像人不断成长变化一样，性格也会伴随着人所处环境、所受影响的变化而改变。

　　对于具有不同气质的孩子来说，父母一定要及时了解孩子的气质类型，强化他们气质中好的一面，同时对差的一面予以弱化，扬长避短，争取让孩子更加优秀。如果父母能够从孩子幼儿期开始就分析其气质类型，并加强对其良好性格的培养，坚持不懈地予以长期关注和强化，相信一定能够得到不错的结果。气质教育与性格教育是基本教育，父母应该认真分析孩子气质、性格的类型、特征，并据此用合适的方式培养孩子。

对于不同个体，理应采取不同的教育方式。我国古代著名教育家孔子就采用了因材施教的方法，对不同气质、不同性格和不同接受能力的学生，采取不同的教育方式，实现有针对性的教育，最终才有了"弟子三千，贤人七十二"的成就。

孔子有个叫子路的学生，他曾经这样问老师："先生所教的仁义之道真是令人既佩服又向往！那我们明白了这些道理后，是不是就应该马上行动起来，按照这些道理去做呢？"孔子回答说："子路你家有父母和兄弟在，怎么能够随随便便听到一些大道理就去做呢！事有轻重缓急，要学会分辨。"孔子的另一位弟子冉有也向孔子问了同样的问题："先生！我从您这里听到的仁义之道，是不是就应该立刻去做？"孔子毫不犹豫地回答说："是的，你应该一听到就立刻实施，不要犹豫。"

公西华听到孔子对两个相同的问题却做出迥异的回答后，十分疑惑地问："请问老师，子路和冉有问的问题没有任何差别，而老师的回答却是天壤之别，弟子想不明白，请老师明示。"孔子说："冉有遇事容易退缩，所以要激发他的勇气；而子路好勇过人，所以要约束他。"在这里，孔子就采取了因人而异的教育方法。他知道，如果让子路"闻而即行"，那么子路恐怕等不到第二天就会惹祸；如果让冉有"闻而后行"，他恐怕会一直唯唯诺诺，不敢行动，所以孔子面对两人相同的提问说出了不同的答案。

孔子这里的做法体现了因材施教的原则：对于具有不同气质和性格的学生，他采取了不同的教育方法。在现代的家庭教育中，这种因材施教仍有其发挥的空间。

如果孩子是个古灵精怪的小调皮，那么父母可根据孩子自身特点，从他的兴趣入手，吸引他的注意力，久而久之，他也可以专心、安静地做自己感兴趣的事情。相反，如果孩子属于性格安静的类型，父母就可以因势利导，引导他强化自己的兴趣爱好，他也许就会成为一个艺术素养较高的人，或者成为一名潜心研究的技术人员。总之，父母不要总是按照别人教育孩子的方式教育自家孩子，而是应该根据自己孩子的气质和性格类型，找到适合他们的教育方式，在这个过程中，要牢记"文无定法"，教育孩子也要灵活变通。

父母都想尽快找到适合自己孩子的教育模式，那么在此之前要做好功课：首先确定孩子属于哪种气质类型，确定之后，再寻找合适的教育模式，否则一切教育理论都是空谈。那么，让我们一起来看看自家孩子到底是什么气质类型。

1. 胆汁质

这类孩子往往表现得十分活泼好动，他们常常处于兴奋状态，整天精力充沛、热情饱满，但他们的脾气不好，容易暴躁。如果碰到自己感兴趣的事，他们就会抛开一切杂念，全力以赴地去实现目标，一切艰难险阻都无法阻挡他们。然而，一旦失去兴趣，任何斗志和决心都会瞬间被他们抛之脑后。总之，这是一类敢想敢干、敢爱敢恨的孩子。

2. 黏液质

这类孩子的神经活动相对活跃，同时他们的表现也相对平和、稳重，遇到冲突时善于克制自己。他们的生活有规律，一旦集中精力做某一件事就不会轻易分心。这是父母希望自己的孩子具有的气质特点。这类孩子在学习上从来都让人非常放心，遇到困难时会用极大的耐心去处理，待人接物上讲规矩、懂礼貌，与同学、同伴在一起时也不会大吹大擂、自我标榜。总之，这是一类自己静心、父母放心、老师安心的孩子。然而，他们的缺点也比较明显：他们往往会墨守成规、不知变通，因此也会白白错失一些机会。

3. 抑郁质

这一类型的孩子的神经活动相对较弱且兴奋度不高，喜欢安静是他们的一大特点。他们办事时不急不躁，一旦答应做某事就会尽力做到，否则不会轻易应承。他们做事有韧性，会尽力排除一切困难。但是，他们往往内心过于敏感，从而导致其抗挫折能力较弱，这也间接导致他们具有孤僻、优柔寡断的性格。粗心的父母往往会认为他们不思进取，其实他们只是单纯的慢而已。对于这类孩子，父母应该有更多的耐心，给他们更大的、利于身心发展的空间。

4. 多血质

多血质的孩子神经活动非常活跃，他们也能更好地控制自己。他们既有能力也有热情去做事，同时有着很好的适应性，善于交际和处理人与人之间的关系。他们整日保持饱满、昂扬的精神状态，是集体活动不可或缺的组织者和协调者。然而，他们也有一些明显的缺点：做事时兴趣优先，幻想过多，耐心较差。

当然，还有一些孩子是以上类型所具备的特点都包含一些，但又无法强行归入某一类，因此父母在判定孩子的气质类型时一定要注意：不可武断地认为，孩子必须归入某一类才能按照"说明书"进行教育，这是大错特错的。父母一定要牢记：首先，孩子一时的、偶然性的表现不能作为认定其气质类型的依据；其次，对孩子经常性的、带有本质性的表现一定要加以注意。

父母如果在孩子身上倾注更多的时间和精力，知道了自己孩子的气质类型，那么在处理孩子出现的问题时，就更能游刃有余。也可以参考其他父母的做法，融合自己的教育方式，给孩子制订优化的教育方式。而且，孩子的最佳教育时机是有时限的，父母越早了解孩子的气质类型，便可以越早了解孩子的内心，获得孩子的认可，这样制订的教育方法就更切实有效。

克制冲动，培养耐心

堂堂妈妈最近感到非常烦躁。老师开始陆陆续续反映堂堂上课不认真听讲，也不交作业，还打骂同学，甚至公然逃课出去玩……随着孩子年龄增长，花样也不断翻新。而堂堂却毫不示弱，总是向妈妈抱怨学校的种种不堪：老师教学水平不行，同学的为人也都不怎么样……说来说去，堂堂只有一个目的——换学校。堂堂妈妈当然不会同意，但堂堂却因此绝食抗议……结果，从幼儿园到小学三年级，拗不过他的妈妈已经带着他转了四次学。说起这些，堂堂妈妈就非常头疼。

堂堂妈妈知道，其实自己的孩子在同龄人中已经属于非常优秀的了，他心地善良而且乐于助人，就是有个毛病——容易冲动，所以显得脾气比较怪，还总是因此而做错事。因此，即使堂堂连续换了好几个学校，也没有一个要好的朋友。每换一所学校，堂堂都会因为自己的坦率、直爽赢得同学们的喜爱，加上他又热心肠、爱帮助人，短时间内就能与很多人建立友谊。可惜总是好景不长，堂堂很快就会暴露出缺点，由于暴脾气，他难免会跟其他同学产生小矛盾，而他的"爆竹"脾气一点就着，所以他经常和同学闹出不愉快。如果有其他同学跟他开玩笑或者为难他，他一言不合就会和人家打架；同学们只能夸他，一旦批评他或说些不好听的话，哪怕是事实，他都会立刻找人评理，然后很快就会引发争吵。一段时间以后，同学们也都唯恐避之不及，很少和他来往了。

其实，堂堂很小的时候就表现出了比较特别的一面。堂堂妈妈发现孩子对自己喜欢的事情总能保持较高的热情和积极性，但是对于不喜欢的事情也态度鲜明，从来都不多看一眼。开始的时候，她觉得孩子还小，就没有予以过多关注，也没有批评或者提醒，但孩子上小学之后，问题就集中爆发了。孩子不喜欢数学和英语，上课的时候根本不考虑老师和其他同学的感受，要么根本就不听，要么肆无忌惮地找其他同学讲话，严重影响课堂纪律。而对于喜欢的课，比如绘画、音乐等跟艺术相关的课程，堂堂倒是听得津津有味。这样一来，他有些课程的成绩一落千丈。没办法，老师和堂堂妈妈只能双管齐下，总是盯着堂堂的功课，对其进行严格要求。

堂堂倒是配合妈妈的工作，但也很会投机取巧，凡是妈妈指定要检查的作业，他都工工整整、认认真真地完成。一旦妈妈忘记检查或者因太忙而不再检查，他就马马虎虎、应付了事。这样一来，他的成绩自然也不会有起色。

从心理学的角度来讲，堂堂属于典型的胆汁质孩子。这类孩子对于自己喜欢的事情往往抱有极大热情，甚至废寝忘食。只要有想法就不会畏畏缩缩，会立刻行动起来，至于会有什么后果，他们是不会考虑的，结果就会发生诸如和同学打架、用逃学和绝食的手段威胁父母转学等非常不合理的情况。另外，父母如果在孩子小时候过于溺爱他们，也会导致他们在成长过程中做出非常出格的事情。不过，大家不必过于担心，毕竟孩子的行为都是受环境影响的，还是可以通过一定的手段予以矫正。

那么，对于像堂堂这样的孩子，父母该采取怎样的教育方法予以纠正呢？总体而言，不外乎以下两点：

1. 让孩子学会控制情绪，磨炼孩子的耐性

这类孩子总体来说自制能力和情绪控制力较差，父母首先要有足够的耐心，避免让孩子经常处于这种情绪中，应教会孩子如何控制情绪，平时要有意识地磨炼孩子的耐性，让孩子用正面的、积极的行为压制弱点。在日常生活中，父母可以告诉孩子，如果对某一个决定难以取舍，可以寻求父母、老师或其他朋友的帮助，所谓"兼听则明，偏听则暗"就是这个道理。如果当时的情况不允许听取别人意见，那么要告诉孩子不要慌张，同时告诉孩子一些能够迅速冷静下来的方法，比如深呼吸并默念一至十下，这样能够让思路更清晰，从而让孩子在理智中找到答案，让他们避免因行事过于冲动或做事欠考虑而得到不好的结果。

另外，一旦孩子遇到挫折，他们原有的热情和高涨的情绪都会遭受巨大冲击，此时父母不应该去批评孩子，而要以鼓励为主，让孩子有坚持下去的勇气和决心，然后和孩子一起分析原因，以避免孩子下次犯同样的错误。

2. 对孩子加强注意力锻炼

孩子情绪较亢奋时自然会对关注的事物倾注更多精力，掌握起来也就更快，但孩子的注意力也会经常被转移。孩子在做一件事情时，如果受到外界的干扰或者出现新的令他们感兴趣的事物，那么他们的注意力就会不自觉地转移。所以父母要尽量为孩子创造更加安静、优良的生活、学习环境，尤其不要在他们专心于某件事时打扰他们。父母还要积极发掘孩子的兴趣所在，从而让他们将精力投入感兴趣的事物中，有意识地延长其注意力集中的时间。

如果孩子在学习的时候无法集中注意力，父母就要费些心思将他们的注意力拉回来，例如可以让孩子盯着某处专注看一段时间，逐渐延长时间，并在结束后予以奖励。经过一段时间训练，孩子的情况会有所改善。经过长时间的反复训练，孩子就能集中注意力，同时还能平复焦虑、亢奋的情绪，可谓一举两得。

坚持原则，学会变通

从很小的时候开始，多多就喜欢一个人安静而又专注地玩玩具，很少哭闹。平时，父母会告诉他怎样和叔叔阿姨打招呼，日常生活中怎样刷牙洗脸，出去怎么和小朋友玩。多多也都言听计从，做得非常到位。见到妈妈工作劳累，他还会主动帮妈妈洗碗、捶背，逗妈妈开心，这让妈妈既心疼又开心，觉得自己的孩子懂事又上进。

然而再优秀的孩子也有弱点，多多向来做事都比较拖沓、没有时间观念。比如，每天早上父母要送他去学校后才能去上班，可即使父母着急去上班，他也都要磨叽好久，让人又气又无奈。

多多这样的孩子带有明显的黏液质特征。这样的孩子一般都很自觉，很少让父母操心。他们平时总是老老实实地待在那儿，一副老成持重的样子，也很少有老师或同学向这类孩子的父母投诉。

黏液质的孩子能够胜任"分歧终结者"的角色，如果几个小朋友一起玩游戏时出现了分歧或矛盾，他们总能够及时站出来，很客观地说出事情的解决办法，并且这些方法一般都合情合理，能够得到双方的认可。因此，他们长大后往往能够胜任一些重要的社会工作。

虽然黏液质的孩子很让父母省心，但父母不能因此而掉以轻心，因为他们存在的教育问题并不少，只是更加隐蔽，需要父母运用敏锐的观察力去发现并予以解决。如果父母教育不当或者放任不管，这类孩子很容易变得非常保守、固执，甚至会变得冷漠，毫无人生目标，这不是父母和周围的人所乐见的结果。之所以如此，是因为黏液质的孩子本身就是性格比较沉闷、个性平和的人，他们常常会因为脾性随和而容易依赖别人。如果这类孩子遇到开明的父母、良好的家庭教育模式，那么他们会很容易成为一个稳重踏实且干练的人，会十分敬业且具有优秀的管理能力，这也是父母和周围的人所乐见的结果。

另外，大多数黏液质的孩子很少情绪外露，也不爱搬弄是非或积极成为人群的中心，他们总是一个人安静地待着。所以，父母更要付出百倍努力去观察他们，要细心观察他们言行举止的变化，不要忽略任何细微的变化，千万不要等到他们出现心理问题时才想到要进行教育。如果家里有黏液质的孩子，父母应该积极制订教育方案，为孩子创造相对轻松活泼的家庭氛围，避免引发孩子其他心理问题。

总之，父母在黏液质的孩子的教育方面需要付出更多精力，要更有耐心，同时应该注意以下问题：

1. 培养孩子的纪律性和时间观念

针对孩子拖沓的特点，父母应该在日常生活中多和孩子开展竞赛类亲子活动，比如规定同一时间内做事多者或同一件事先做完者获胜等。父母要培养孩子的紧迫感和时间观念，并不断进行刺激和强化，避免孩子做事拖沓的情况一再出现。

2. 提升孩子的敏捷性、灵敏性

一般来说，黏液质的孩子总是给人一种少年老成的感觉。针对这一特点，父母可以用一些动感较强的游戏有意地提升孩子的敏捷性和灵敏性，针对他们的惰性不断进行反向教育，持之以恒就会有不错的效果。

3. 提升孩子的社交能力

黏液质的孩子大多不喜欢激烈运动和集体活动，参与意识比较弱，他们更愿意当"隐形人"，这不利于他们未来的生活和工作。因此父母可以邀请一些喜欢参与集体活动的孩子到家中来玩，并积极引导自己的孩子参与集体活动，让他们多接受集体活动的熏陶。这样就可以扩大他们的交往范围，增进孩子与同学之间的友谊。另外，父母还要让孩子多讲话，多表演节目，多参与家务劳动，如拖地、洗碗、摆放桌椅等。总之，父母要调动一切资源积极弥补孩子的性格缺陷，让他们成为积极向上、乐观开朗的孩子。

4. 增强孩子的主动性

黏液质的孩子大多喜欢随大流且依赖他人，没有明确的个人主见，所以父母要在日常生活中让孩子多参与到家庭事务的决策中来，有意识地征求他们的意见，让他们有机会大胆说出自己的想法。比如，在周末的晚上，可以就一家人是否出去吃晚餐这个问题征求一下孩子的意见，不要总是让他们服从。另外，在玩游戏时，父母可以让孩子制订游戏规则并做示范，多向孩子请教游戏规则，强化他们"我也行"的概念，唤醒其主人翁意识，并多从正面引导鼓励，逐渐激发他们的参与兴趣和领导意识。

父母也可以有意给孩子制造小矛盾，激发他们的反抗争辩意识，注意要在可控范围内，且不要过度伤害孩子的情感。比如，给孩子发出一个明显错误的命令，如果他们不经分辨就盲目执行，那么他们肯定会犯错误。如果孩子总是这样一错再错，哪怕脾气再平和也会被激怒。当孩子发火时，父母要及时鼓励"你很棒，知道这是错误的就应该及时反馈，而不是盲目执行"，并且告诉他们："父母和老师说的话有时候也不一定正确，你应该自己先思考一下能否执行，确定可以执行后再采取行动。"

5. 不盲目批评孩子

黏液质的孩子是一类相对比较懂事的孩子，由于内向等性格原因，他们的脸皮也比较薄，因此即使孩子犯了错，父母也不要丝毫不顾及他们的感受而大张旗鼓地盲目批评一通。父母只需通过肢体语言、暗示、提醒或启示性语言等对孩子进行温和教育，让孩子在春风化雨的温和态度中认识到自己的错误。

让情感细腻的孩子学会淡然处之

　　如今的孩子很多都是自来熟，也越来越活泼好动，喜欢主动跟人打交道，表现得越来越自信。但也有例外，有些孩子喜欢自己一个人玩游戏甚至独自发呆，对别的小朋友总是爱搭不理的，没有主动去认识或和他们一起玩耍的意愿。遇到陌生人时，他们会因为害怕而躲得远远的，甚至遇到熟悉的人时也没有主动打招呼的意思，总是躲在一边或者往父母身后跑，总之给人的印象就是非常害羞、胆怯。

　　蒙蒙是一个害羞、胆怯的孩子。从幼儿园开始，她就不喜欢跟很多人待在一起，而喜欢一个人躲在一个清静的角落，自己玩玩具或者安静地看着其他小朋友玩耍，到了放学时间更是一溜烟地跑出去找妈妈，就像逃出了牢笼似的。蒙蒙妈妈和蒙蒙爸爸开始并不在意，只是觉得孩子小，可能还不是非常适应幼儿园的集体生活，时间长了自然就好了。然而事与愿违，蒙蒙的情况并没有随着时间的推移而有所好转，一直到上了小学，她还是老样子，有时甚至更加严重，这可把蒙蒙的父母愁坏了。

蒙蒙不爱说话，也不爱跟人交流，有什么心事从不主动说出来，总是憋在心里自己瞎琢磨，她把自己幼小的心灵封闭在一个狭小的空间。时间长了，她的心眼儿越来越小，要是谁一不小心惹到她，她就会一直记恨在心，就连最亲近的爸爸妈妈、姥姥姥爷也不例外。

有一次，蒙蒙不小心摔坏了杯子，妈妈情急之下说了她两句，让她以后小心些，没想到却惹到了她，蒙蒙一个星期都没有再理会妈妈。直到妈妈发现蒙蒙的情绪不对，才知道了孩子的心思，于是主动向蒙蒙认错，蒙蒙才"鸣锣收兵"，得胜而归。

蒙蒙上小学三年级没多久，班主任就找到蒙蒙妈妈反映情况，说孩子表现比较内向，做事相对比较细心谨慎，但是太拖沓，遇事过于优柔寡断，不能果断做出决定。还有，蒙蒙小小年纪就总是唉声叹气、多愁善感，完全不是这个年龄段孩子应有的情绪状态。

老师认为蒙蒙这样的表现是典型抑郁质的特征，要是孩子小的时候父母没有多加注意并予以纠正的话，孩子长大后很大概率会形成怯懦、不自信、优柔寡断的性格。当然，如果老师和蒙蒙父母一起努力加强教育的话，蒙蒙就会早日摒弃不好的性格，成为一个情感深沉而稳重、做事踏实的人。因此，老师希望蒙蒙的父母多多关注她的情绪变化，家校合作，共同对她的性格加以引导和纠正。

蒙蒙父母非常认同老师的判断，和老师一起讨论后制订了相应的计划。老师也对班级中像蒙蒙这样的抑郁质的孩子的父母提出了一些建议：

1. 抽出更多时间与孩子沟通，不让孩子过于封闭

抑郁质的孩子大多情感细腻、脆弱，所以父母首先要有足够的耐心去关爱孩子，在感情上关心并信任他们，这样才能从心理上接近他们，打开他们尘封的心扉，让孩子说出自己的真实想法，这也是有效沟通的前提。但这还不够，父母还要鼓励孩子和其他小朋友多接触、玩耍，鼓励孩子分享自己的玩具和食物，让他们学会与人交往和沟通的方法，特别是要鼓励孩子多参加集体活动，让孩子养成大方、乐观的性格，避免其陷入自我封闭的情绪和环境。

2. 增强孩子的自信心

这类孩子的特点就是比较敏感，自尊心很强，但自信心很弱，容易因为受到他人和环境的影响而动摇。所以，父母在批评孩子时，不能毫无顾忌地大声呵斥，而是要采取温和委婉的态度，与孩子一起分析事情的来龙去脉，让孩子认识到自己的错误并避免再犯，这样更有说服力，也更能让孩子接受。而当他们遇到挫折时，父母应该第一时间给予鼓励，而不是对他们进行一顿暴风骤雨般的批评。因为抑郁质的孩子很容易消沉和丧失信心，所以要讲究批评的方法。

3. 锻炼孩子的独立性

抑郁质的孩子大多对父母比较依赖，无论是物质还是心理上都是如此，因而独立性比较差。在日常生活中，父母要有意鼓励他们承担更多责任，如大扫除等。另外，父母要尽早向孩子传达"自己的衣服自己穿"的理念。有条件的话，父母还可以让孩子独立外出办事，在生活的点点滴滴中锻炼他们的独立性。比如，孩子有喜欢的玩具，就把钱给他们，让他们自己去买，不论孩子买的玩具是不是很好，父母都要给勇敢迈出第一步的孩子大大的赞许和鼓励。

4. 强化孩子的性格优点

抑郁质孩子的情感向来十分稳定，他们做事认真、谨慎，并具有敏锐的观察力。父母要对孩子的这些优点进行鼓励和强化，使孩子发挥出自己的优势。这样既可以增加孩子的自信，还可以培养他们的主观能动性，有利于他们身心的全面发展。

给孩子创造良好的成长环境

　　性格是个人在对现实的态度和行为方式中表现出来的较为稳定的、具有核心意义的心理特征。

　　荣格根据力比多的倾向划分性格类型，将人的性格分为外倾性和内倾性两种类型。个体的力比多的活动倾向于外部环境，就是外倾性的人；个体的力比多的活动倾向于自己，就是内倾性的人。外倾性（外向型）的人，重视外在世界，爱社交，活跃，开朗，自信，勇于进取，对周围一切事物都很感兴趣，容易适应环境的变化。内倾性（内向型）的人，重视主观世界，好沉思，善内省，常常沉浸在自我欣赏和陶醉之中，孤僻，缺乏自信，易害羞，寡言，较难适应环境的变化。

　　与成人相比，孩子真正的性格由于尚未发育完全，给人感觉非常善变，无法定型。这是因为在孩子的身心发展时期，他们的语言表达能力、是非辨别能力以及对事物的认知能力尚未发育健全，还处在逐步发展的阶段，相应的性格也就无法定型，给人一种无法捉摸的感觉。

　　对于孩子的性格的形成与发展，虽然先天因素占很大比重，但是随着孩子所处成长环境的变化和成长经历的不断丰富，孩子的性格类型会产生很大变化。通常情况下，孩子的基本性格类型会伴随着周围的事物和人的变化而变化。

由此看来，孩子性格的形成和发展并非一成不变的，更不是一蹴而就的。这是一个缓慢的、动态的变化过程，也因此给父母对孩子的教育提出了更高的要求：父母需要意识到成长环境对于孩子性格的影响，并努力改善他们所处的生存环境和人文环境，让他们始终处于一个相对宽松、积极的成长环境中。那么，具体来说，影响孩子性格变化的因素有哪些呢？

1. 父母遗传

从遗传学的角度而言，父母的性格在一定程度上会遗传给孩子，对其性格形成起到一定作用。如果父母的性格都是积极向上、乐观豁达的，那么孩子的性格很有可能也是乐观向上的，也就是我们通常所说的"什么样的父母，造就什么样的孩子"。当然，遗传因素并不是决定性格的唯一因素，孩子性格的变化主要还是靠后天因素的影响。

2. 家庭环境

我们总说父母是孩子的第一任老师，事实也确实如此，家庭环境对于孩子性格形成的影响是非常深远的。在众多家庭环境的影响因素中，最关键的两点就是家庭氛围与父母的个人素质。良好的家庭氛围和父母相对较高的个人素质，会给孩子形成良好性格带来积极正面的影响。与此同时，父母的教育观念、教育态度与方式，以及孩子在家庭中扮演的角色和所处的地位，都会影响孩子性格的形成。

孩子是父母的镜子，孩子性格的好坏反映出父母性格的好坏。

家风直接影响孩子的性格，家庭的仁智礼义信会潜移默化地影响孩子。另外，生活情趣也是人的精神追求，健康美好的生活情趣会让人感知到生命之美、生命之乐，让生命焕发出光彩，对形成开朗活泼的性格大有裨益。总之，家庭环境是影响孩子性格形成的所有因素中最关键的一个，父母应该从各方面入手，尽量给孩子提供积极向上的家庭环境。

3.学校的教育环境

除了家庭，孩子待的时间最长、受到影响最大的场所就是学校。学校的教育环境也是影响孩子性格形成的重要因素。孩子在学校受到的影响都会体现在他的表现和成绩上。因为，有什么样的氛围、环境和集体，就会影响学生养成什么样的性格。此外，孩子与老师、同学的交往状态，也是影响他们性格形成的重要因素，父母万万不可忽视。

4.社会环境

我们总是强调，人是环境影响下的综合产物，如果孩子长时间在一个不太好的社会环境中生存，那么他们的性格形成必定会受到不良影响。

所以，为孩子提供一个较好的日常生活环境（包括良好的家庭环境、学校的教育环境、社会环境等），对孩子性格的形成会有很大的积极影响。

总之，对孩子的教育是一种长期的投入，需要父母用耐心去面对。父母在孩子成长的过程中需要不断观察孩子的变化，尽力为他们营造良好的成长环境，促使其性格朝着更好的方向发展。

尊重孩子，不刻意诱导他们的发展方向

　　大千世界中，人的性格千差万别，每种性格的孩子都有与众不同的闪光点和长处。没有哪种性格是优于其他性格的，更没有哪种性格天生就差。所以，我们应该有个端正的态度，认可任何一种性格的存在，也更应该接纳不同性格的人，认可他们所创造的价值与所具有的影响力。父母更要用宽容的心态来尊重孩子的性格，协助他们发挥出自身能量，不断开发孩子的潜能，提升孩子的个人素质。

　　如果父母只是毫无变通地按照自己的意愿对孩子性格的形成横加干涉，粗暴地干预他们的行为，那么大多数情况下不仅不能达到目的，还会激发他们的叛逆心理，导致出现与目的背道而驰的教育效果。父母尤其要避免强行将自己孩子的性格与别的孩子的性格进行比较，要求自己的孩子无条件向对方看齐，这样会深深伤害自己与孩子之间的感情。

唐唐妈妈喜欢活泼开朗的孩子。偏偏唐唐十分内向，遇到大场面时总是非常怯懦，在班级里也是很普通的一个孩子，在人堆里更是不显眼。

　　这天，唐唐妈妈和其他家长一起来参加幼儿园的家长沟通活动。唐唐妈妈认为唐唐有表演天赋，很希望孩子争口气，能有一个好的表现。眼看着其他孩子都一个个举手，不是唱歌、跳舞，就是讲故事，唐唐的同桌兰兰也大大方方地表演了一段舞蹈，可就是不见唐唐举手，唐唐妈妈又急又气，却没有任何办法。

　　晚上回到家，妈妈有些生气地问唐唐："今天你为什么不举手上台表演？你不是会跳舞吗？老师叫小朋友上台去讲故事、唱歌你也不去，你看看你的同桌兰兰，跳舞多棒，她的父母多有面子。"

　　"我就是不喜欢上台表演节目！而且平时老师提的问题，我也都知道答案，我就是不想回答！"唐唐还为自己争辩了一下。

　　"你要是再这样躲着，妈妈就不再喜欢你了，妈妈喜欢的是像兰兰那样善于表现自己、善于主动出击的孩子，知道吗？"妈妈越说越气，大倒苦水。唐唐听了妈妈的话，也没说什么，只是默默地走进了自己的房间。

　　后来，情况不仅没有像妈妈希望的那样有所好转，唐唐反而更加沉默寡言了。

　　并非所有的孩子都喜欢被拿来跟别人对比，尤其是在自己明显处于劣势的时候。因为在潜意识里，有些孩子就是想做一个独一无二的自己，并不想要向谁靠拢，他们更愿意遵循自己的内心，做一个真实的自己，而不愿意被父母强迫着做事。

上面案例中的唐唐有自己的想法，不愿意做一些过于表现自己的事，其实这并不算什么失当行为，他只是性格比较安静，不想像兰兰一样把自己懂得的东西都拿出来给别人看而已。性格并不能作为判断一个人优秀与否的标准。此处，唐唐妈妈的教育理念存在问题。

唐唐妈妈有一颗希望孩子积极表现的心，一直想激发孩子的上进心，想让唐唐变得和兰兰一样，更讨人喜欢，显得更朝气蓬勃。然而，她却忽视了自己孩子的性格特征，不考虑实际情况，一味要求孩子向别人靠拢，这就是用错了方法导致的"好心办坏事"。如果在看到别家孩子优点的同时，唐唐妈妈能够用宽容的心态、尊重的态度看待自己孩子的表现，不强行拿他和兰兰进行比较，而是从实际出发，尊重他的性格发展，并对其进行适当的激励和引导，潜移默化地使之朝着更优秀的方向发展，那么相信他也一定会不负期望。

要想成为合格的父母，一定要有足够的耐心和细致的观察力，能把握孩子的行为动机，从而准确判断出孩子的性格类型，并以此为出发点，制订相应的教育方式。父母不能强行要求孩子按照自己的想法做出改变，将自己的意愿强加给孩子更是家庭教育的大忌，父母应以孩子的现实情况为基础，对其优点加以引导。

在对待孩子性格发展方面，父母首先需要做的是接纳孩子的性格类型，以平常心调整自己的心理预期和教育方式，对孩子的发展秉持不强求、不放弃的原则，并时常鼓励孩子的正面表现，这样才能让孩子性格中的潜能充分发挥出来。如果唐唐妈妈能够心平气和地与孩子沟通，并对孩子说一些鼓励的话语，比如"妈妈知道你也能回答出老师的问题，如果这个时候你能够把自己的想法和大家分享就更好了。""如果你能将自己会唱的歌分享给大家，或者将知道的故事告诉大家，大家一定会很高兴，你就会有更多朋友的。"像这样的鼓励式的沟通方式更容易让孩子接受，更能激发孩子的参与感。

毫无疑问，每个父母都希望自己的孩子活泼可爱、积极乐观，但是父母一定要有这样一个认知：不可能所有孩子都适合这样，父母不能强行把内向的孩子变得开朗。否则，就算孩子暂时遂了父母的意，留在他们心里的却可能是痛苦。其实，父母首先要摒弃自己急功近利的想法，认真对待孩子与生俱来的天赋，不以自己的想法和观念去打造孩子的"成功"，而是充分尊重孩子的内心，对他们的行为和想法予以充分理解和支持，让孩子成为真正的自己，这才是孩子应有的样子，也是他们最大的快乐。

因材施教，教育不能按图索骥

　　世界上没有两片完全相同的叶子，也没有两个完全相同的人。每个孩子都是独一无二的存在。父母要相信每个孩子都有与别人不同的天赋、兴趣和个性，只是可能因为父母自己的疏忽和不细心，没有将其发现和挖掘出来罢了，这是父母的责任，也给家庭教育工作提出了更高的要求。其实，在孩子众多性格特征中，总有一种或者几种相对比较突出，父母只需根据孩子的性格特点来因材施教，尽量让孩子做到扬长避短，就能获得良好的教育效果。

　　在教育孩子的过程中，父母需要以高度的责任心和极大的耐心细心观察和分析孩子的气质和性格类型，并且以孩子所属类型的最佳教育方式与他们耐心沟通。父母要摒弃居高临下的态度，对孩子予以尊重、平等的态度。父母不要总想着让孩子对自己言听计从，因为这是对孩子的极度不公平。如果父母不从孩子的实际情况出发，强行按照统一的标准或者是按照其他类型孩子的表现去要求孩子，将会导致孩子极度叛逆和不配合，这样不仅达不到想要的结果，还极有可能事与愿违。

欣欣和荣荣是一对可爱的双胞胎，但她们的性格却有着天壤之别。欣欣好胜心强、十分活泼，并且非常在意父母和老师的表扬。当然，她也有受到表扬的资本：欣欣每次考试都冲着第一名努力且常常能够得偿所愿。相反，荣荣则十分内向，她喜欢躲在自己的房间里画画，或者找一个不引人注意的角落独自发呆，而且她对每天要穿的衣服总是选了又选，不想跟姐姐"撞衫"。

前面提到欣欣喜欢受到大家的表扬，实际情况也是如此，她在受到表扬以后会做得更好。而妹妹荣荣受到表扬后，却表现得十分冷静和理性，总是"打破砂锅问到底"，一定要别人说出自己到底哪里优秀才罢休。对于批评，欣欣比荣荣更不能接受，如果妈妈当着其他人的面批评她，她就会不顾他人感受，立刻噘嘴以示不高兴。而荣荣却能够接受批评并积极反省，不断提升自己。

知道了两个孩子性格上的巨大区别，妈妈也做足了功课，绝不以同样的方法去教育两人，而是因材施教，避免孩子出现逆反情绪。比如，她从来都是当众表扬欣欣，如果欣欣做得不好需要批评时，则是私底下委婉教导。而对荣荣，妈妈会很关注她内心真实的想法，对于她的优点，妈妈会表示肯定，而荣荣一旦出错，妈妈则会在第一时间予以纠正。就这样，欣欣和荣荣各有所长，都能与妈妈进行深入的心灵沟通，在学校里也表现得非常优秀，妈妈和老师都为她们感到骄傲。

欣欣和荣荣的妈妈能够从孩子的性格差异入手，因材施教，在对孩子表现出充分尊重的基础上，对两个孩子采取不同的教育方式，从而充分挖掘出了孩子性格中的潜能，是家庭教育成功的典型。

家庭教育相比学校教育和社会教育更加直接和自由，也更能体现对父母的高要求，这一点不可不重视。家庭教育的优势非常明显，它能够将一般性的教育变得更具个性。也就是说，因材施教在家庭教育中更有实施空间和成功的可能性。作为孩子的第一任老师和生活指导者，父母更有机会接近孩子的内心，能够更快发现孩子性格中与众不同的优点，并采用孩子最能够接受的方法进行教育，因此对孩子而言，父母的影响最大、最直接。

这种教育需要父母的智慧与耐心，欣欣与荣荣的妈妈对两个孩子的教育方式就是非常成功的例子，她能敏锐察觉到孩子性格的不同，并以此为出发点，思考用怎样的方式才能使孩子接受表扬与批评，最终成功地让她们开发出自己的潜能。因此，坚持因材施教，尊重孩子的个性发展，孩子才能够扬长避短，向更好的方向发展。

胆汁质的孩子往往表现得十分活泼好动，他们常常处于兴奋状态，整天精力充沛、热情饱满，但他们的脾气不好，容易暴躁。

这类孩子的生活有规律，一旦集中精力做某一件事就不会轻易分心。这是父母希望自己的孩子具有的气质特点。

这类孩子大多属于多血质，善于交际。

好父母日常家教演练

1. 你了解孩子的性格吗？你能否根据孩子的性格特点来制订相关的教育方案？

   _____

   _____

2. 在日常生活中，你是如何培养孩子的纪律性和时间观念的？

   _____

   _____

   _____

3. 为了塑造孩子的良好性格，你是如何营造家庭氛围的？

   _____

   _____

   _____

4. 你会接纳孩子的气质类型吗？你是否会采取粗暴的手段来改变孩子的性格？

   _____

   _____

   _____

5. 你会有意识地强化孩子性格中优秀的一面吗？

   _____

   _____

   _____

第三章

孩子积极外向，父母需要耐心

做了错事自己扛，父母不可越俎代庖

很多孩子是外向型性格，平时十分好动，经常闯祸，总是要父母给他收拾"烂摊子"。父母不是今天给这个赔礼道歉，就是明天向那个低头哈腰，每天出门都是提心吊胆的，生怕孩子又惹出什么麻烦。父母由衷希望孩子能够安静一点儿，不要总是到处惹是生非。

其实，孩子即便总是闯祸，父母也不要总扮演"消防员"的角色，而是要让孩子明白自己的事情自己处理，要让孩子适当承担责任。

囡囡是一个非常好动的孩子，走到哪里都闲不住，还总是给妈妈惹出很多麻烦。

一天，囡囡和小朋友准备一起下楼去玩，在下楼之前，妈妈对囡囡进行了一番叮嘱。

妈妈："和诚诚好好玩，不要打架哟。"

囡囡："知道了妈妈。"

妈妈："去小区的公园里玩，不要破坏公共设施，知道吗？"

囡囡："知道了妈妈。"

妈妈："注意老爷爷、老奶奶，不要撞到他们，知道吗？"

囡囡："妈妈你真啰唆，还有没有完了？你赶快说，说完我好下去玩。"

妈妈："最后一点，别去逗别人家的狗，知道了吗？"

囡囡："知道了，你放心吧，我下去玩了。"

当囡囡下楼之后，妈妈就开始打扫卫生，可是刚刚打扫到一半就听到有人敲门。妈妈打开门一看，原来是小区的物业人员。

物业人员："您好，请问您是囡囡的妈妈吗？"

妈妈："我是，您有什么事情吗？"

物业人员："您的女儿刚刚在楼下玩的时候，用石头把楼下停的一辆车给划了，您下去看一下吧。"

妈妈："这臭丫头又给我闯祸了，真是拿她没办法。"

在楼下，她看到囡囡拿着一块小石头，而对面的车上有一道明显的划痕。

妈妈："你怎么又闯祸了？"

囡囡："我哪里闯祸了？"

妈妈："你在人家的车上划了这么深的痕迹，还不算闯祸吗？真是拿你没办法，你说你为什么要这么做？"

囡囡："我在检验这辆车的质量，谁知道轻轻一碰就这样了。"

妈妈："检查质量？你满意了，我又要有大麻烦了。"

妈妈看到车上留了车主的电话，就给车主打电话。电话接通之后，妈妈先是给车主道歉，然后又让车主前来解决问题。车主来了之后，妈妈为了表示歉意，对车主进行了赔偿。车主倒也不是难缠的人，很通情达理，没有多说什么，妈妈也长出了一口气。但是，看到一旁的囡囡，妈妈真的是很无奈，为孩子的将来发愁。

孩子长到三四岁，自我意识和探索欲望就会明显增强，因此他们就再也不是那种乖乖的小家伙了，他们总是会给父母带来各种各样的麻烦。而大部分的父母都会和案例中的囡囡妈妈一样，在孩子惹下麻烦的时候充当孩子的"消防员"，帮助孩子解决问题。其实这种行为是对孩子的包庇和伤害，是在纵容他们逃避责任。只有纵容而没有相应的惩罚措施，孩子就不会害怕闯祸，因为他们知道每次闯祸之后父母都会帮自己解决。既然知道自己不需要承担责任，孩子就会变得越来越肆无忌惮。这对孩子的成长非常不利。

外向型的孩子充满活力，好动但做事冒失，所以闯祸是难免的。孩子闯祸并不是一件可怕的事情，关键是他们闯祸之后父母应该如何解决他们闯祸的问题，减少他们闯祸的次数。那么，父母应该如何做呢？

孩子闯了祸，父母作为孩子的监护人，肯定要承担一部分责任，但该孩子承担的部分还是尽量让孩子来承担。例如案例中的囡囡在划破别人的车后，妈妈进行了赔偿，但是赔偿的钱应该慢慢从囡囡的零花钱中扣除，让她承担赔偿的责任，这样她也许会吸取教训，不会再轻易闯祸。在孩子闯祸之后，父母不能什么责任都往自己身上揽，也要让孩子明白：自己闯的祸，自己也要承担责任。最好的处理方法是：父母帮助孩子解决问题，但是主要责任仍然要孩子自己承担，让孩子知道做错事情就要付出代价，让孩子从小就有责任意识。

　　教育孩子是个"张飞绣花"的细致活儿，父母需要注意的是，有的时候孩子是无心之下闯的祸。例如，他们在玩游戏时会不小心碰倒其他小朋友，导致对方受伤，这些都是在所难免的。这个时候，父母要有一双"火眼金睛"，不要总是埋怨孩子，而要尽量帮助孩子解决问题。在帮助孩子解决问题的时候，要告诉孩子下次要小心，做什么事情都要把安全放在第一位。

　　孩子闯祸可能是无心之举，也可能是故意捣乱，无论是哪一种原因，父母都要有耐心，不能过于急躁。当孩子闯祸时，父母应该保持冷静，先查明事情的来龙去脉，做到不冤枉孩子，以免造成难以消除的误会，然后再决定怎样去做。父母不要愤怒，不要急于制止孩子或指责孩子，也不要一味心疼，不要急着帮他们解决问题。父母要正确引导孩子，使孩子认识到错误并勇于承担责任，让孩子明白人人都要为自己的行为负责，慢慢把孩子培养成一个有责任心、做事谨慎细致的人。

不安分的内心，需要更耐心的父母

总有父母在抱怨，说自己的孩子不听自己的话，还总有奇奇怪怪的想法。例如在吃饭的时候，父母让他等大家一起吃，可是他的小手总是不老实，总是想要拿点儿这个，拿点儿那个，父母批评他的时候他还振振有词。这样的孩子应该怎么样教育呢？

孩子有自己的想法很正常，父母不要认为这是孩子调皮的表现，这反而是孩子敢于向规则说"不"的表现。当然，这也说明他们有自己的想法，而不是别人说什么就是什么。他们喜欢打破常规，提出自己的想法，对于这样的行为，父母是应该鼓励的。不安分是外向型孩子的缺点，但也是他们的优点。当孩子敢于和父母说"不"的时候，父母要感到高兴，也应该引导他们勇敢地说出自己的想法，这样才能够增强孩子的自信心，锻炼孩子独立处理事情的能力。

桌上，丰盛的饭菜散发出诱人的香味。在一旁玩游戏的诚诚看到桌上摆了这么多好吃的，马上扔掉了手里的玩具，拿起筷子就想吃。这个时候，妈妈赶忙阻止了诚诚。

妈妈："诚诚，你要干什么？"

诚诚："妈妈，我饿了，我要吃东西呀。"

妈妈："可别人都没吃，你怎么能先吃呢？"

诚诚："可是我饿了呀，而且饭都已经做好了，为什么不能吃？"

妈妈："今天是爷爷的八十大寿，大家都还在忙，你怎么能先吃，等大家都过来一起吃好不好？再等一会儿。"

诚诚听了之后只好放下手中的筷子，去一旁玩游戏了。可是看着满桌好吃的，诚诚哪里能玩得踏实呢？他盯着桌上的饭菜，总是想要偷吃，可是每次都被妈妈严厉地制止，这让诚诚非常不高兴。

大家好不容易都忙完了，陆陆续续坐到了桌子旁，诚诚也赶紧坐到椅子上准备吃饭。当他刚拿起筷子想要夹东西的时候，又被妈妈厉声喝止，诚诚用疑惑的眼神看着妈妈。

妈妈："爷爷还没有动筷子，你怎么能先动呢？而且小姑姑还没有回来，我们得等小姑姑回来一起吃呀。"

诚诚："爷爷，你赶快动筷子呀，我们好赶快吃饭。"

爷爷："诚诚饿了呀，那诚诚就先吃吧，我们等你小姑姑回来。"

诚诚："我们给小姑姑留点饭菜不行吗？为什么要让这么多人等她一个人呢？"

妈妈："因为今天是爷爷的生日，全家都来给爷爷过生日，这是全家团圆的日子，要等大家都到齐了，一起给爷爷过生日，这样才完美。"

诚诚："那为什么小姑姑不能早点到呢？为什么要让大家都等她呢？"

妈妈："小姑姑临时有点事情啊。"

诚诚："既然是小姑姑不能按时来，为什么要让大家一起等她呢？应该让小姑姑受到惩罚才可以呀。"

妈妈："就等一会儿吧，小姑姑马上就到了。"

诚诚："我不要等了，我饿了！我要先吃饭。"

妈妈："你这孩子怎么这么不听话呢？别人都没吃就你吃，多不像话呀。"

诚诚："我们都在这等，饭菜都凉了，让大家都吃凉菜，这样真的好吗？"

诚诚说完就拿起筷子吃了起来，妈妈想要阻止，可是又想到不能在这么多人面前伤害孩子的自尊，而且爷爷也没有说什么，就只好让诚诚先吃了。

当诚诚吃到一半的时候，小姑姑终于来了，全家人都让小姑姑赶快坐下来，准备吃饭。小姑姑拿起筷子准备吃，这个时候，诚诚却阻止了小姑姑。

诚诚："小姑姑，你先不要吃。"

妈妈："小姑姑都来了，大家都等了这么久了，赶快吃饭吧。"

诚诚："小姑姑，大家等了你这么久，你应该先向大家道歉。"

妈妈："小姑姑是有事才迟到的，又不是故意的，快让小姑姑吃饭。"

诚诚："但是我们大家等她了呀，她就应该向我们大家道歉哪。"

妈妈："你怎么那么多事呢？快让小姑姑吃饭吧。"

诚诚："可是妈妈总是说要遵守时间，难道只有小孩子才应该遵守，大人就不需要了吗？"

听到这句话，妈妈的脸唰地一下就红了，不知道该说什么。这个时候，小姑姑说："诚诚说得对，是我不对，让大家等我那么长时间，我向大家道歉。我们大家一起举杯，祝老爸生日快乐。"

诚诚噘着小嘴说："一点儿也不快乐，等了那么长时间才吃饭，哼！"

大家听到诚诚这么说，都哈哈大笑起来。

这个案例中的场景在很多家庭聚会中都会出现，当饭菜做好的时候，大家总是要等长辈动筷或者是人都到齐了才能吃饭，在给老人过寿这种重要的场合中，尤其要遵守这样的规矩，人们似乎也都习惯了这样的规矩。但是总有一些孩子想要打破规矩，按照自己的想法来做。这样的孩子大多都不受大人的喜欢，因为大人觉得他们不懂礼貌、不听话。其实他们并不是不懂礼貌，也不是不听话，他们只是说出自己内心的想法，想要按照自己的想法来做。

当孩子学会站立、说话、玩玩具时，他们就开始有自主的行为了，这个时候不安分的特征就会逐渐表现出来。孩子上小学前所有的不安分行为，父母是不需要过分担心的，因为这是孩子在成长过程中的正常表现。

父母应该有意识地培养和保护孩子的这种不安分，对其做出恰当的鼓励和正确的引导，保护孩子探索的热情。但是在这个过程中，父母要注意孩子的安全，要在保护好孩子的前提下让他们尽情去探索。这样有利于帮助孩子形成积极、乐观、热情的性格。

　　不安分的孩子总有一颗躁动的心，他们喜欢打破常规，喜欢叛逆，这让他们看起来不像是一个"乖孩子"，但是在他们不羁的外表之下，藏着的却是勇于冒险、追求自由、乐于打破桎梏的开创精神。父母千万不要因为所谓的权威而伤害到孩子的天性，应该学会呵护自己的孩子，让他们健康快乐地成长。

顽皮的孩子都有极高的创造天赋

两岁左右的孩子常常是最让人无奈的，他们特别顽皮还爱搞破坏，有时候一下子就弄坏了刚买的玩具，他们一刻也闲不住，总是把家里弄得乱七八糟的，父母对此真不知道该如何是好。

好动是孩子的天性，越是好动的孩子，破坏力就越强，但他们的破坏过程也是逐渐走向创造的过程。因为在不断破坏的过程中，孩子也需要动脑，这个过程可以开发他的智力，是他们富有创造力和想象力的表现。

强强今年五岁了，他特别调皮，喜欢搞破坏，也喜欢恶作剧。强强的爸爸很喜欢喝茶，因此家里有很多茶叶。这些茶叶爸爸珍藏了许久，每次都舍不得喝太多，但是这些茶叶在强强的眼里也就是和沙子一样的玩具罢了。

一天，爸爸妈妈都不在家，强强把爸爸的茶叶拿了出来，准备和小朋友们一起玩和泥的游戏。他们把茶叶全部倒在一个盆子里，然后倒上水，准备和泥。一整盒的茶叶在经过水泡之后，逐渐变大了。强强看到变大的茶叶时感到非常新奇，于是就又拿来了一盒茶叶倒了进去。强强和小朋友玩得正开心的时候，爸爸回来了。爸爸看到自己那么宝贝的茶叶就这样被浪费了，感到非常生气。强强却非常高兴地对爸爸说："爸爸，你快看，两盒茶叶在水里可以把整个盆子都装满哪。"爸爸满脑子都是自己的茶叶，哪里还听得进去这个。爸爸二话不说就打了强强的屁股。但是，这似乎并没有给强强多大的教训。

这一天，妈妈带强强去大姨家玩。来到大姨家之后，强强就被大姨家的一只青蛙玩具给吸引住了，其实这就是一只普通的青蛙玩具，一按它就可以自己跳起来。大姨见强强非常喜欢，就递给强强玩。强强玩了一会儿，觉得没意思，于是冒出了一个新想法。

他找到一把螺丝刀，开始对青蛙玩具"下手"了。没过一会儿，崭新的青蛙玩具就变成了一堆零件。强强似乎对自己的杰作很满意，还招呼妈妈来看。

强强："妈妈，你快过来看看。"

妈妈："你又干了什么呀？"

强强："我把这只青蛙玩具给拆了。"

妈妈："你这个孩子真的是太不让人省心了，那是大姨给你姐姐新买的玩具，你姐姐还没有玩呢，你就给拆了。你怎么这么气人呢？"

强强不以为意地说："我再组装上不就好了吗？"

妈妈："你怎么装啊？你会装吗？"

强强："我刚才拆的时候记着步骤呢，我现在就重新组装。"

说完，强强就动起手来，一会儿弄弄这儿，一会儿弄弄那儿，过了一会儿，青蛙玩具就被重新组装了起来。强强非常高兴地向妈妈展示自己的成果，妈妈看到强强成功组装了玩具，向强强竖起了大拇指。

　　在这之后，妈妈再没阻止过强强拆玩具，而且强强似乎也热爱上了拆玩具。每次拿到新玩具之后，他总是要先拆一遍，然后再重新组装，大部分时候都会成功，但是有的时候也会出现多零件或少零件的情况，但是这些都没有影响强强拆玩具的热情。

　　顽皮是孩子的天性，越是活泼好动的孩子，破坏力就越强，有的时候甚至会让大人忍无可忍，但是他们在拥有强大破坏力的同时，也拥有强大的创造力。就像案例中的强强一样，他把爸爸的茶叶当沙子玩，把新玩具拆掉，在这些过程中，他是有所收获的。当茶叶变大之后，他看到了变化，所以又倒了一盒，这看似是破坏的过程，其实也是孩子探索的过程。而他在拆玩具的时候，在脑子当中也会记着过程，然后再将玩具重新组装起来，其实这也是一种创造。

　　好动的孩子总是有用不完的精力，同时也会惹出一些麻烦。他们对于身边的人和事物总有着浓厚的兴趣，在好奇心的驱使下，总是想要尝试一些新鲜事物，总是想要探个究竟。但是因为年龄太小，知识、能力和见识有限，以及手、眼的协调能力还不完善，所以他们总会惹出很多麻烦。就如案例中的强强，浪费大人的茶叶，玩具拆了再组装时会多零件或者是少零件。

　　但是，搞破坏并不是孩子的初衷，这只是他们好奇心强烈、精力旺盛以及心智不成熟的表现，所以父母尽量不要阻止孩子的这种破坏行为。父母一定要搞清楚孩子搞破坏的原因，面对不同的破坏，父母要用不同方式对待，切忌像案例中的强强爸爸那样对孩子采用体罚的方式，因为不是所有的孩子都像强强那样拥有强大的内心。如果父母强行制止孩子的破坏行为，就会阻碍孩子创造力的发展。

顽皮是孩子的天性，面对调皮孩子的破坏行为，一味制止是不起作用的。父母应该正确看待孩子的破坏行为，保护孩子的创造性，说不定能够培养出一个小小的发明家。但是，对于孩子故意的破坏，父母要及时制止，以免孩子成为真正的"破坏大王"，到时候再制止就为时已晚了。

倔强好强的孩子应多引导

在生活中，很多的孩子都表现得很倔强，明明是他们犯了错误，可就是不肯承认。面对这样的孩子，父母该如何是好呢？

倔强的孩子一般好胜心比较强，比较好面子，所以在犯错的时候，他们是不愿意低下头去承认错误的。在面对这类孩子的时候，父母一方面要顾及孩子的感受，另一方面要耐心地引导孩子去正确看待面子，勇于承担责任。

唐唐是个上幼儿园中班的小男孩，虽然年龄很小，可是嘴巴却很厉害，平时做错了事情之后，他总会据理力争，坚决不承认自己的错误。

一次，幼儿园举办了"两人三足"接力赛，游戏规则是两个人一组并排站立，将两人靠近的两只脚绑在一起，然后两人合作向前奔跑通过障碍，先到达终点的队伍获胜。唐唐本来想要和另一个小男生分在一组，但是老师偏偏将他和一个叫然然的女生分在了一组，这让唐唐非常不满。

第一轮比赛开始，由于唐唐太着急了，哨声一响，唐唐就急忙走了起来，根本没有顾上两个人有一只脚是被绑在一起的，然然摔了一个大马趴，坐在地上委屈地哭了起来。唐唐并没有去扶然然，而是生气地说："你怎么这么笨哪，能不能快一点哪？你还哭呢，都怪你，我们被别人落下了那么多。"然然听到唐唐这么说自己，哭得更厉害了。老师见状只好扶起然然，安慰了一会儿，才让他们接着进行比赛。在第一轮比赛当中，由于然然摔倒了，两人并没有取得好成绩，这让唐唐非常生气。

第二轮比赛开始，唐唐吸取了上次的教训，没有走得很着急，然然费劲地跟上唐唐的脚步。这次看起来一切都很顺利，但是在通过板凳障碍的时候，两个人还是没能配合好，一个想从左面绕过去，一个想从右面绕过去，结果两个人都重重地摔倒在了地上。眼看着就要取得胜利了，可是因为这一摔，两个人又落后了好多。这让唐唐非常生气，埋怨道："你怎么这么笨呢，为什么不从这边绕过去呢？这样我们就不会摔倒了。"然然想要说些什么，唐唐见状又立马说："你还想说什么？都是因为你，我们才没有取得胜利，赶快起来吧，我们还要走到终点呢。"然然只好站起来继续和唐唐一起走。走到终点之后，唐唐解开绑在脚上的绳子，非常生气地说："下次再也不和你一组了，都怪你，我们才没有取得胜利。"然然听到唐唐这么说，非常委屈地哭了起来。唐唐看到然然哭了，生气地说："就知道哭！我们比赛都输了，你再哭也没有用啊。"

然然也非常生气，对唐唐喊道："这能怪我吗，谁让你那么着急呢，而且往哪边绕也没有事先说好，怎么能只怪我一个人呢？

你不和我一组，我下次还不和你一组呢！哼！"说完这句话，然然就生气地跑开了。唐唐追了上去，从后面将然然推倒在地。然然更加委屈了，哇哇大哭起来。老师见到然然摔倒了，就赶忙过来扶起然然，然后教育起了唐唐。

老师："快向然然道歉。"

唐唐："我不要。"

老师："你把然然推倒了，怎么不向她道歉呢？"

唐唐："我又不是故意的。"

老师："就算不是故意的，你也要道歉。"

唐唐："我不要，是她惹我生气，我才推倒她的，而且都是因为她，我们的比赛才输了。"

老师："比赛输了也不能将责任推到一个人身上，既然是两个人的比赛，输赢肯定是和双方都有关系的。这个游戏本来就是要相互配合才能够赢，你一心只想赢得比赛，根本没有顾及然然，所以你们的比赛才会输。而且，即使是她惹你生气，你也不应该去推她，动手推人是不对的。所以，你必须向然然道歉。"

见到老师这么严厉地批评自己，唐唐貌似认识到了自己的错误，也哭了起来。老师见到唐唐哭了，原本以为唐唐会向然然道歉，可是唐唐并没有那样做。无论老师怎么说，唐唐就是拒绝道歉，这让老师非常无奈。

老师将这件事情告诉了唐唐妈妈，妈妈也非常生气，让唐唐去道歉，可是唐唐拒绝了，妈妈甚至生气地打了唐唐，可是唐唐仍然拒绝道歉。

唐唐的这种行为其实是好胜心太强导致的，因为好胜心强的孩子在团队生活中容易表现出强势的一面，他们争强好胜，追求胜利和荣誉，不愿意面对失败，总是希望在比赛中打败别人，取得比赛的胜利。

在比赛失败的时候，唐唐将责任全部推到了然然的身上，即使两个人在比赛的过程中都有责任。因为唐唐好胜心强，他希望在比赛中拥有指挥权，并且整个比赛过程要以自己为中心，可是然然并没有完全按照唐唐的意愿行动，这让唐唐非常生气，于是他将失败的责任全部都推到了然然的身上。当然然据理力争的时候，唐唐觉得受到了冒犯，就推倒了她。即使老师对唐唐进行了严厉批评，唐唐似乎也认识到了自己的错误，但是因为他非常要面子，所以他坚决不向然然道歉。

像唐唐这种性格的人喜欢争强好胜，在他们的身上存在一个缺点——喜欢推卸责任。这往往发生在他们遭遇失败或者做错事情后想要逃避惩罚的时候。当谎言被揭穿的时候，即使他们认识到错误，也会为了面子而拒绝道歉。

父母需要注意的是，不要让孩子的这种倔强成为他们逃避责任的保护伞，要引导孩子正确面对错误，帮助孩子建立强大的内心。因为强大的内心能够帮助他们正确认识到自己的错误，从而使他们不怕面对失败。同时，父母还要帮助孩子树立正确的价值观，让他们正确看待胜利和荣誉。

精力充沛的"捣蛋鬼"

宝妈："我家孩子实在是顽皮，总也闲不住，总有用不完的精力。别的孩子都在午睡的时候，他在那里玩。等到别的孩子都睡醒了，他仍然在那里玩，让他睡个午觉真的是太费劲了。我真不知道该怎么办了。"

好动的孩子似乎有用不完的能量，他们对事情充满了好奇心，永远保持着充沛的精力，而父母强行制止孩子的行动，会对孩子产生非常不好的影响。所以，在面对好动的孩子的时候，父母可以让孩子"动"起来，充分消耗他们的精力。

壮壮的家人都有午睡的习惯，但是壮壮似乎并没有这个习惯，家人午睡的时候，就是他最活跃的时候，这让家里人十分头疼。爸爸妈妈忙了一上午，中午回到家只想好好休息一下，可他们在休息时总是被壮壮打扰，壮壮不是将电视声音调得很大，就是将盆子摔在地上，弄出很大的声响，再不然就是去卫生间里，在洗手池里放满水，嘻嘻哈哈地玩水。妈妈对此叫苦不迭。

为了让壮壮安静下来，妈妈想尽了各种办法，不让壮壮看电视，强制让壮壮睡午觉，但是这些都无济于事，壮壮总是会出其不意地动起来。

一天，妈妈带着壮壮去商场买东西，商场里正在举办一场儿童架子鼓比赛，参加比赛的孩子们正在卖力地挥动手里的鼓槌，有节奏地蹬着踏板，随着音乐不停地晃动着小脑袋，演奏出了极具震撼力的音乐。这样的场面吸引了很多人驻足围观。好动的壮壮也被吸引住了，他两眼放光，目不转睛地盯着那些小朋友表演。当所有的表演都结束之后，壮壮还是不愿意离开，他站在舞台前面，盯着架子鼓发呆，最后在妈妈三番五次地催促之后才和妈妈离开。妈妈见到壮壮这么喜欢架子鼓，心中突然冒出了一个想法：干脆让他去学架子鼓好了。

回到家之后，妈妈把这个想法跟爸爸说了，爸爸也非常同意，于是他们就给壮壮报了一个学架子鼓的兴趣班。学习架子鼓是很费体力的，虽然很累，但是壮壮似乎对此保持着很大的热情，每天都非常认真地练习。看着壮壮认真的样子，爸爸妈妈非常高兴。而且，自从壮壮开始学习架子鼓，他每天都要耗费大量精力，于是每天中午他都会睡上一觉，也不会再影响爸爸妈妈午休了。

从生理学角度来看，孩子精力是否旺盛在很大程度上是遗传因素决定的。精力旺盛的孩子往往会比普通孩子分泌更多的肾上腺素，这样他们就会比其他孩子更加好动、调皮，并且有着用不完的精力。父母既要忙工作，又要做家务，一天下来很是疲惫，本来想好好休息一下，可是总被孩子干扰，这让很多父母十分头疼。

　　其实，父母应该做的是让孩子更好地动起来，消耗他们过剩的精力。就像案例中的壮壮一样，虽然他十分好动，但是妈妈在发现壮壮对架子鼓有兴趣之后，就给他报了一个架子鼓兴趣班，让他把精力全部都集中到架子鼓上，这样既培养了壮壮的兴趣，也消耗了壮壮过剩的精力，让壮壮不再那么漫无目的地瞎捣蛋了。

　　在面对好动的孩子时，父母能够做的是帮助孩子找到一个正确释放多余精力的活动，帮助他们消耗掉多余的精力，培养他们的兴趣，让他们"动"得有价值。

别轻易插手孩子的友谊

有些女孩子总是和那些调皮捣蛋的男孩子在一起玩儿，整天东跑西颠、翻墙下水，父母和她说应该多和小姑娘一起玩儿，不要总是和这些小男孩一起玩儿，但是她就是不听。父母很担心她将来会变成个"假小子"，这可怎么办才好呢？

关于孩子和谁做朋友，应该让孩子自己去做决定，因为交朋友是孩子自己的事情。如果父母过分干涉，可能会影响孩子交际能力的发展。小孩子之间的感情是很单纯的，父母不应该在其中掺杂过多的成人因素，不然会影响到孩子的价值观。父母应该维护孩子之间简单的关系，帮助他们更好地建立友谊。父母应该引导他们怎样去交朋友，而不是决定他们交什么样的朋友。除此之外，引导和帮助孩子自己做决定，可以让孩子成为一个有主见的人，而不是一个随波逐流的人。所以，为了更好地爱孩子，就放手让孩子自己去做决定吧。

朵朵三岁了，因为性格活泼开朗，对朋友十分热情，她交到了很多的朋友。朋友多自然是一件好事，但是其中也可能会有一些"坏"朋友，这是妈妈最担心的事情。

小区里有很多和朵朵年龄差不多的孩子，大家经常见面，渐渐就成了朋友。每次去楼下玩的时候，朵朵都会去找自己的朋友，如果见不到他们，朵朵就会非常失望。当见到熟悉的朋友的时候，朵朵就会非常高兴，也不会再黏着妈妈，会挣脱妈妈的怀抱，和小朋友一起高高兴兴地玩游戏。

小区里新搬来的一家人中，有个小孩叫霜霜，霜霜和朵朵玩了几天之后就成了好朋友，但是妈妈对朵朵的这个新朋友好像并不满意。霜霜是一个活泼可爱的小姑娘，两个人成为好朋友之后，霜霜经常来朵朵家里玩。

一天，霜霜来找朵朵玩，进门之后，霜霜先和朵朵的妈妈打了声招呼，然后就开心地和朵朵玩了起来。她们先是玩了一会儿芭比娃娃，然后又一起去看电视，看完电视之后，两个人似乎没什么可玩的了。这个时候，霜霜突然想到了一个好主意。

霜霜："朵朵，你喜欢跳舞吗？"

朵朵："跳舞？我在电视上看过，但是我从来没跳过。"

霜霜："我来教你跳舞吧。"

朵朵："你会跳舞？"

霜霜："对呀，我妈妈是舞蹈老师，经常教我跳舞。"

朵朵："好哇，我们一起跳舞吧！"

说完，霜霜教朵朵跳起了《小苹果》。刚开始的时候，朵朵跳得并不是很好，但跳了一会儿，朵朵好像对舞蹈产生了兴趣，就非常认真地学了起来。妈妈看着朵朵跳得十分认真的样子，心里很高兴，女儿终于对某件事情产生了兴趣。这个时候，门铃响了，妈妈赶紧去开门，原来是霜霜的妈妈来接她了。

霜霜的妈妈长得很漂亮，但是在她的胳膊上有一块文身，这让朵朵的妈妈有些反感。朵朵的妈妈生活在一个传统的环境里，认为有文身的人"不正经"，如果有一个这样的妈妈，她的孩子肯定会受到影响，那么女儿和这样的孩子交朋友也会受到影响。因此，在霜霜离开后，妈妈就对朵朵进行了一番"教育"。

妈妈："朵朵，以后不要再和霜霜玩了。"

朵朵："为什么呀？霜霜可是我最好的朋友。"

妈妈："你以后不要和她做朋友了。"

朵朵："为什么呀？我和霜霜玩得很开心哪，而且霜霜还教我跳舞呢，我要和她做朋友。"

虽然女儿不是很情愿，但是为了不影响女儿，朵朵妈妈还是决定不让女儿再和霜霜交朋友了。霜霜来找朵朵玩，妈妈就说朵朵生病了，不让朵朵和霜霜一起玩。朵朵非常生气，总是吵着要和霜霜一起玩，平日里活泼开朗的朵朵就好像变了一个人一样，每天都是闷闷不乐的，妈妈看在眼里也非常着急。

妈妈仔细想想，虽然霜霜的妈妈有文身，但是看起来并不像一个坏人，而且霜霜也十分懂礼貌，每次来到家里都会先和她打招呼，也从来不做让人讨厌的事情，总是"规规矩矩"地和朵朵一起玩，也不会捣乱。更重要的是，朵朵和她在一起玩好像也并没有受到什么影响。小孩子之间的友谊哪有那么复杂，只要玩得开心就可以了。妈妈想通之后，就不再阻止朵朵和霜霜做朋友了。

与霜霜恢复友谊之后，朵朵就恢复了活力，每天都是开开心心的，两个小家伙每天都腻在一起。朵朵似乎对跳舞产生了更大的兴趣，霜霜的妈妈也非常热心地给朵朵做起了指导，而且帮朵朵选了比较好的舞蹈班。

看到这一切，朵朵的妈妈终于认识到了自己的错误，她不应该因为一个文身就否定一个人，而且也不应该用大人的眼光去审视孩子之间的友谊。

小孩子之间的友谊是很单纯的，他们没有什么利益纠纷，也没有什么感情纠葛，只要在一起玩得开心，就能成为好朋友。孩子之间的友谊很纯洁，如果父母非要横插一杠，干涉孩子交朋友的话，那么孩子就会失去朋友。如果孩子没有朋友的话，就会影响他们的交际能力、语言能力和适应社会的能力的发展。

孩子所交的朋友对孩子的影响也很大，就像案例中的霜霜，她和朵朵玩舞蹈的游戏，从而激发了朵朵对舞蹈的兴趣。如果妈妈坚持不让朵朵和霜霜交朋友，那么朵朵也许就会失去对舞蹈的兴趣。而且，如果父母总是干涉孩子交朋友，不让孩子自己去做决定，孩子就很难独立起来，最后就会成为一个没有主见的人。

热情的孩子无论走到哪里，都能很快和别人打成一片，能够很快融入新的环境，这样的孩子往往适应能力比较强，他们的身上总是散发着光芒。但是，这样的孩子往往行事较为"粗线条"，感情没有那么细腻，所以父母就总会担心孩子交到不好的朋友。

父母有这样的担心是可以理解的，毕竟小孩子的心智还没有成熟，想法也很简单，并没有明辨是非的能力。父母的担心是必要的，但是不要对其进行过分地干涉。父母不让孩子和某个小朋友交朋友的行为会让孩子十分迷茫，除此之外，还有可能激起孩子的逆反心理，越不让他们和谁玩，他们就偏要和谁玩。

父母不要轻易对孩子的朋友下结论。父母对孩子的朋友的印象并不是很好，这有可能是因为父母对他并不是很了解，和他相处了很长时间的是孩子自己，所以父母应该多听听孩子怎么说，在有了充分的了解之后再下结论，要相信孩子的判断力。世界上没有完美的孩子，每个孩子身上肯定都会有好的一面和不好的一面，父母应该帮助孩子多了解朋友好的一面，培养孩子的宽容之心，从而让他们学会理解别人和包容别人，这样他们的心胸也会变得更加宽广。

善于交朋友是一件好事，在与朋友交往的过程中，可以锻炼孩子的语言能力和交际能力；在和朋友游戏的过程中，也可以锻炼孩子的组织能力和处理问题的能力。朋友之间肯定会一起做一些事情，自然也会出现矛盾，这个时候正是锻炼他们各种能力的时候。让孩子自己决定和谁交朋友，还可以培养孩子明辨是非的能力。所以，放手让孩子自己做决定，给他们一片自由的天空。

◇ 耐心教育外向的孩子 ◇

你家孩子把停车场的车给划了。

实在不好意思，孩子把您的车给划了。这些钱请您拿去修车吧！

你做错了事情，应该承担责任，赔偿车主的钱就从以后给你的零花钱里慢慢扣除。

在孩子闯祸之后，父母不能什么责任都往自己身上揽，也要让孩子明白：自己闯的祸，自己也要承担责任。

好父母日常家教演练

1. 如果你的孩子在外面闯了祸，你会采取哪些方式让他认识到自己要对自己的行为负责？

_____

_____

2. 当你的孩子对你说"不"的时候，你会有什么样的反应？

_____

_____

3. 如果你的孩子非常倔强，犯了错误拒不认错，你会如何处理？

_____

_____

4. 你会关注你的孩子的朋友吗？你会干预孩子交朋友吗？

_____

_____

_____

5. 你的孩子好奇心重吗？你如何应对孩子的好奇心？

_____

_____

_____

第四章

孩子内敛安静，父母应该鼓励

自卑羞涩的孩子需要更多的表现机会

有许多父母常常抱怨："我家孩子非常害羞，人一多就不敢说话，更别提主动去跟人搭讪了。孩子明明在家弹琴弹得很好，可是一到老师面前就紧张得怎么也演奏不出来，真的是替他着急呀。"

如果孩子表现得比较自卑、胆小，主要是因为缺乏信心。他们在人多的情况下会表现得非常羞涩，并且会认为自己表现得不好，所以心里就会非常恐惧，而越是紧张和恐惧，就越表现不好。

妈妈一脸不悦地带着敏敏回到了家里，敏敏也是垂头丧气的。爸爸看到情况不对，就赶紧过来询问："你们回来了！怎么回事呀，两位怎么都不高兴呢？"

妈妈无奈地说："你说这个孩子，她在家里练琴练得好好的，可是到了学校里就什么都弹不出来了。老师听我说她都学过，老师都半信半疑，只好从头到尾又教了一遍。"

爸爸听到之后，疑惑地问敏敏："敏敏，怎么回事呀，怎会弹不出来呢？"敏敏噘起嘴，委屈地说："我怕老师。"爸爸看着敏敏，和蔼地说："那你现在能弹吗？"敏敏肯定地点了点头。

爸爸说："来，那你现在给爸爸弹一首曲子。"说着就把敏敏拉到了钢琴前面。敏敏坐到钢琴前，熟练地弹了起来。

爸爸听完之后说："这不是弹得挺好的嘛，这个曲子是你什么时候学会的呀？"敏敏回答道："早就学会了呀。"爸爸又问："那今天上课的内容你会不会呢？"敏敏说："会呀，之前的老师都教过。"

爸爸说："那你为什么不跟老师说呢？"敏敏委屈地说："我不敢。"

妈妈着急地说："敏敏，妈妈不是跟你说过了嘛，你就把钢琴教室当成家，把老师当成妈妈不就行了嘛。"

敏敏无辜地说："我怕，我到了教室里就什么都忘记了。"妈妈听后非常无奈。爸爸说："你有什么好怕的，你这么胆小可怎么办哪？"

为了锻炼孩子的胆量，第二天早上，爸爸就带着敏敏出门了。敏敏非常疑惑地问："爸爸，你要带我去哪里呀？"爸爸说："咱们去练胆量，哪儿人多就去哪儿。"

爸爸选的地方是人声鼎沸的菜市场。来到菜市场之后，爸爸将敏敏放到了一个台子上，对敏敏说："这里人多，你就在这里唱歌。"敏敏看着来来往往的人群，怎么也唱不出来。

爸爸见敏敏不敢唱，就鼓励敏敏说："敏敏不要怕，你只要把这些人都当成水果和蔬菜就行了，现在就你一个人了，不要怕，大声唱出来就好了。"

敏敏仍然唱不出来，这个时候爸爸非常严厉地说："如果你唱不出来，我们今天就不回家了，你就一直站在这里。"

看着爸爸严厉的样子，敏敏非常害怕，强忍着泪水唱了起来："小小蜡笔，穿花衣……"虽然是唱出来了，可是声音非常小，很快就被淹没在了嘈杂的人声当中。爸爸在一旁大声地喊："大点声，不要怕，这里就你一个人。"

可是敏敏仍然非常害怕，看着越来越多的人，最后竟然哇哇大哭起来。看着哭得越来越厉害的敏敏，爸爸只好把她从台子上抱了下来，拉着她回家了。

当其他孩子都能够大大方方地弹奏出曲子，像一个小演奏家在表演的时候，自己的孩子却因为胆怯、羞赧而无法正常表演，只能坐在台上发愣，无论父母在台下怎么提示，可他就是坐在那里纹丝不动。这个时候，坐在台下的爸爸妈妈肯定会非常失望，同时也非常疑惑：明明在家里弹得很好，可是为什么到了教室里就弹不出来了呢？自家的孩子到底哪里出了问题呢？

其实，孩子胆小的背后是心理上的自卑，这种自卑导致他们非常不自信，在有外人或者是人多的情况下他们就会怯场，就不敢去表现自己。就像案例中的敏敏一样，明明在家里练得很好，而且老师教过的东西也都会，可是她不敢和老师说自己已经学过了，也不敢在老师的面前弹奏，原因就是她太自卑，对自己没有信心，怕自己表现得不好。敏敏的爸爸虽然知道敏敏胆小的原因，但是纠正的方法比较极端，最终并没有帮助敏敏建立起自信。父母在面对孩子自卑的时候，不要采用极端的方法去纠正孩子，而是应该先分析孩子自卑的原因，然后再对症下药。

那么，是什么导致了孩子的自卑呢？首先，孩子的性格有一定影响。自卑的孩子通常都是性格内向的、羞涩的，他们不愿意在众人面前表现自己，他们更愿意一个人安安静静地待在角落里，不希望有人去打扰他们。

即使他们很有才华，他们也不愿意主动展示自己的才华。这个时候，父母要多带孩子参加一些集体活动，让孩子体会到参加集体活动的乐趣。父母要鼓励孩子多在人前讲话，即使孩子讲得不是很好，父母也要进行适当鼓励，这样可以消除孩子的恐惧心理，帮助孩子更好地建立信心。

其次，家庭环境也有一定影响。家庭教育中过多的保护和保护得过于严厉都会造成孩子的自卑心理。自卑的孩子往往经受不住失败的打击，为了逃避失败，他们宁愿将自己隐藏起来，也不去表现自己，以此来保护自尊。

这样的孩子不相信自己，也不相信他人，他们不相信自己有能力去完成一件事情。如果在这个时候，父母仍然采取严厉的态度或者不舍得放手的话，就会加剧他们的自卑心理，会让他们变得更加怯懦，导致他们在长大之后也不敢独立地面对生活中的困难，这对孩子的成长是不利的。因此，父母在面对这个问题的时候，尽量让自己有一个平和的心态，不要对孩子有过高的要求，也要避免对孩子进行过多的保护，要让他们顺其自然地发展。

自卑并不代表着懦弱，自卑的孩子只是对自己没有信心，不敢表现自己而已，他们更应该得到父母的鼓励和支持。适当的鼓励和支持会帮助孩子建立信心，帮助他们走出自卑的阴影。如果一味地责骂，只会将孩子推向懦弱的深渊。

脆弱敏感易让孩子胆小怕事

很多孩子胆小，怕黑，不敢在公共场合讲话，还特别依赖父母，做任何事都要拉着父母。他们在外面也不敢大声说话，甚至连自己的权益遭到了侵害时也不敢说什么，而是默默地承受着。很多父母都不知道自己的孩子为什么这么胆小。

其实，胆小的孩子往往有着内向型性格的特点，他们天生胆小、怯懦。除此之外，他们的性格也受家庭环境和家庭教育的影响。

彤彤已经上小学了，可是她非常胆小。老师批评几句，她回到家之后就会哭个没完；做作业的时候遇到了难题，她就不想做了；在生活中遇到困难的时候，她也总想着逃避；她还特别怕黑，害怕雷雨天……

一天，彤彤正在学校上自习课，可能是因为沉闷的自习课太无聊了，班里的"捣蛋鬼"小杰突然大声喊了一句："地震啦，快跑哇！"班上的同学在听到这句话之后，有的吓得往外跑，有的吓得躲到了桌子底下。彤彤更是吓得不轻，躲在桌子底下哇哇大哭了起来。因为动静太大，班主任都从办公室出来询问情况了。然后，班主任向同学们解释没有发生地震，只是小杰开的玩笑，并且对小杰进行了严厉的批评。当所有人都平静下来的时候，彤彤仍然在小声啜泣，老师只得上前安慰，可是老师怎么安慰都没用，只好给彤彤的妈妈打电话，让妈妈将彤彤接回家。

妈妈来到学校之后，彤彤就扑进了妈妈的怀抱，向妈妈哭诉。

彤彤："妈妈，我害怕。"

妈妈："彤彤，不要怕，有妈妈在呢。"

彤彤："我害怕地震，听说如果发生地震，就会死好多人，而且还会来好多妖怪。"

妈妈："你听谁说的呀？"

彤彤："小杰说的，地震真的是太吓人了，我不要在这里待着了。"

妈妈："现在不是没有发生地震吗，而且有那么多的老师和同学在这儿呢！彤彤不要害怕好不好？"

彤彤听到妈妈这么说，情绪稍微平静了一些，可是仍然依偎在妈妈的怀里不肯出来。无奈之下，妈妈只好先把彤彤接回了家。回到家之后，彤彤还是心有余悸，与妈妈寸步不离，等到晚上睡觉的时候，说什么也不肯自己睡，非要妈妈陪着她睡。

彤彤："妈妈，今天你陪着我睡好不好？"

妈妈："为什么呀？"

彤彤："我害怕地震。"

妈妈："我已经和你说过了，不会发生地震的，那是小杰开的一个玩笑而已。"

彤彤："可是，万一晚上发生地震了，该怎么办呢？"

妈妈："不会的，地震发生之前会有很多先兆的。彤彤快睡觉。"

不管妈妈说什么彤彤也不肯自己睡，妈妈无奈之下只好和彤彤一起睡。等到彤彤睡着了之后，妈妈想要离开，可是彤彤的手仍然紧紧地拉着妈妈的手。

仅仅一句玩笑话就能将彤彤吓成这个样子，其他的事情肯定也会将彤彤吓个够呛。

一天，爸爸妈妈有事出去了，彤彤一个人留在家里。不知怎么回事，天突然阴了起来，接着就是电闪雷鸣，还刮起了大风。大风呼呼地吹，彤彤非常害怕，吓得躲进了被窝里。雷声越来越大，风声也越来越响，可是爸爸妈妈还没有回来，彤彤就躲在被子里大哭了起来，一边哭一边喊："我要妈妈，我要妈妈，妈妈快回来。"彤彤哭了一会儿，听到爸爸妈妈开门的声音之后，赶紧从被窝里跳出来，钻到了妈妈的怀里。妈妈感觉到彤彤在发抖，很诧异。

妈妈："彤彤，你怎么了呀？"

彤彤："我害怕，雷声、风声好吓人。"

妈妈："刮风、下雨、打雷都是正常的自然现象。你怕什么呢？"

彤彤："我就是害怕，我害怕雷声，害怕闪电，害怕风声。"

妈妈抚摸着彤彤的头，轻声安慰着："彤彤，不要害怕了，妈妈在这儿呢。"

彤彤一边啜泣一边小声说："刚才雨下得那么大，我害怕雨水把你们冲走，怕你们再也回不来了。"

妈妈听到这句话之后，笑了笑说："怎么会呢，无论什么时候，爸爸妈妈都会回来的，彤彤不要害怕了。"

彤彤属于典型的内向型性格，她胆小、懦弱，害怕面对困难和挫折。从妈妈的表现来看，妈妈并不是很严厉的人，每次彤彤表现出害怕的时候，妈妈都在尽力安慰彤彤，并没有严厉地批评彤彤，而是尽量地陪在彤彤的身边，让彤彤感到安心。由此我们可以看出，彤彤的这种性格一方面是与生俱来的，另一方面也源于妈妈对彤彤的过于溺爱和过度保护。妈妈应该放手，让彤彤面对现实，不要总是让彤彤生活在大人的保护中，要锻炼孩子的胆量和承受能力。

孩子性格的形成和家庭环境、学校的教育环境、社会环境有着很大的关系，然而对于孩子性格的形成，影响最大的还是家庭环境。

在发现孩子性格脆弱、胆小的时候，父母应该怎么办呢？父母可以针对孩子的性格特点，有针对性地提出一些要求。就比如对案例中的彤彤，父母可以向彤彤提出"不怕黑夜，不怕雷电，不怕雪天"的要求，并且要在现实生活中慢慢地帮助她克服这些弱点。比如可以在夜幕降临的时候，带她到院子里或者空旷的野外，观察天空中的星星和月亮，给她讲天文知识，带她感受大自然的乐趣，领悟大自然的奥秘。孩子对天空和大自然产生了兴趣，慢慢地也就不会再惧怕黑夜了。下雪的时候，可以带孩子到雪地里，和她一起堆雪人，或让她和小朋友一起打雪仗，这些都可以让孩子减少对雪天的恐惧。如果孩子过分依赖父母，可以让孩子多参加集体活动，让孩子体会到参加集体活动的乐趣。

父母要让孩子学会吃苦，学会承担责任，通过日常生活中的小事帮助孩子克服心理上的恐惧，同时，培养他们的兴趣，让他们学到更多的知识。这对消除孩子性格上脆弱、胆小的弱点是有好处的。

孩子的成长过程只有一次，父母一定要抓住机会，付出耐心和精力，帮助孩子改正胆小、怯懦的缺点，让孩子变得坚强、勇敢。拥有一个健康的人格，对于孩子来说，比达成任何成就都重要。

积极引导孤僻的孩子走出自己的世界

父母都希望自己的孩子能够尽早合群，可往往事与愿违，有的孩子就是不喜欢和小朋友一起玩，别的小孩都三五成群，这些孩子却总是一个人待在一边，显得特别孤僻。过年、过节的时候，亲戚们都回来了，家里热热闹闹的，孩子却还是喜欢一个人静静地待着。这可怎么办呢?

很多孩子喜欢在一起玩耍，喜欢热闹，喜欢人多带来的乐趣。而有的孩子则喜欢一个人待着，喜欢静静地坐在一旁看着别人玩耍，他们生性安静，喜欢独处，不喜欢被别人打扰，也不愿意去打扰别人，这是他们的性格特点。

潼潼是一个非常安静的小女孩，她经常一个人待着，妈妈为此感到非常烦恼。一天，妈妈下班回来，看到小区里有很多孩子在一起高高兴兴地做游戏，可是唯独不见自家女儿的身影。妈妈回到家后，看到潼潼一个人在家里和自己的玩具熊玩。

妈妈走了过去，说："潼潼，你怎么一个人在家里，为什么不下去和小朋友一起玩呢？"

潼潼："我不喜欢和他们玩。"

妈妈："为什么呢？和小朋友在一起多开心哪。你们可以一起做游戏，一起聊天，比和这只不会说话的玩具熊待在一起有意思多了。"

潼潼："他们太吵了，我不喜欢和他们待在一起，我想一个人待着。"

妈妈："但是你得多出去和别人交朋友哇，你没有朋友的话会很孤独的。听妈妈的话，去和楼下的小朋友玩一会儿。"

潼潼："我宁愿孤独，也不要和他们玩，我就是喜欢安静。"

妈妈："你这孩子怎么这么倔呢？把玩具熊给我，去和楼下的小朋友玩一会儿。"说着就要抢走潼潼手里的玩具熊。潼潼非常强硬地拒绝了，然后跑回了自己的房间，把妈妈关在了门外。

除了不愿意和小朋友玩，潼潼在家人面前也喜欢一个人待着。中秋节，爸爸妈妈带着潼潼到爷爷家里过节，潼潼的姑姑和大伯也都回来了，家里非常热闹。大人们聚在一起看电视、嗑瓜子、唠家常，而孩子们则聚在一起玩游戏。当所有人都沉浸在热闹的氛围中时，有一个人却非常安静，那就是潼潼。她在和所有人都打过招呼之后，就一个人躲进了房间里。妈妈在客厅没有发现潼潼的身影，就起身去找，最后在爷爷的书房里找到了她。

妈妈："潼潼，你怎么一个人在这里待着呢？"

潼潼："我想一个人待会儿。"

妈妈："大家好不容易聚在了一起，赶快去和大家待一会儿吧。"

潼潼："刚才我都已经和他们见过面了，也都打过招呼了呀。"

妈妈："可是姑姑他们都好久没有见到你了，你过去和他们聊聊天哪。"

潼潼："我不知道说什么，我还是想一个人待着，妈妈你快出去吧。"说着就把妈妈推到了门外。

在大多数人的眼里，小孩子大都活泼好动，喜欢聚在一起玩，像潼潼这样喜欢一个人待着的孩子经常会被戴上"高冷、不合群"的"帽子"，一旦口口相传，就会让别人对她产生不好的印象。其实，这对孩子非常不公平，这样的孩子并不是高冷，也不是不合群，他们只是不喜欢热闹的氛围而已。他们喜欢一个人待着，享受一个人的空间，仅此而已。

上面故事中的潼潼，虽然不喜欢和小朋友玩游戏，但是她能够与别人正常交流，可以上幼儿园，可以学习，生活上也能自理，就是一个正常的孩子。而且她也是一个很懂礼貌的小孩，虽然不愿意和家人待在一起，但是她会在和每个人都打过招呼之后，再选择一个安静的角落一个人待着，可谓面面俱到，并没有失了交往的礼仪，还做得非常好，值得夸赞。

孤僻是一种性格，这种性格是受遗传因素影响的，但这也可以通过后天的努力得到改善。所以，孩子不愿意和别人说话或一起参加活动，只是因为他们胆小、害羞，不善于和别人进行交流，又或者是因为他们有那么一点点的偷懒而已。总而言之，不能因为他们不合群、好安静就另眼相待，他们绝对是身心正常发育的孩子。

性格孤僻的孩子平时往往不愿意和别人交流，显得不好接触和难以交往，往往给人高冷、不适合交朋友的感觉。其实恰恰相反，这种性格的孩子通常心思缜密、性格体贴温和，有足够的耐心，也能处处为别人着想。谁一旦与这种孩子成为交心的好朋友，就会受到他们真心真意的对待。他们在情感上也能成为很好的倾听者和引路人。这一切都掩盖在他们不主动、不热情的外表下，需要人们更加积极主动地跟他们交流后才会被发现。

了解了性格孤僻的孩子的优势和劣势之后，父母应该采取措施来帮助孩子获得和加深友谊，可以有意识地引导孩子主动一些，让他们体会到交朋友的乐趣。比如，父母可以帮助孩子交几个朋友，试着让孩子主动邀请其他小朋友到家里来玩，这样一来二去，友谊就会在交往中不断加深。同时，要让其他人发现孩子的优点，逐渐改变他们对孩子的看法，冲淡因孩子性格内向带来的负面影响，这样他们就会愿意和孩子做朋友。当孩子体会到交友的乐趣时，他们就会变得积极，就会主动去交朋友。需要注意的是，这是一个循序渐进的过程，千万不可"三天打鱼，两天晒网"，更不能半途而废。

让孩子心里有事儿别憋着

有一位妈妈抱怨："我家孩子遇到什么事情都不和我说，总是把事情藏在心里，有的时候只有追问她，她才会把事情说出来。"对于这样的情形，父母应该怎么办呢？

内向的孩子向来喜欢心里藏事，不喜欢把自己的事情和别人说，心里有事时，即使是面对最亲近的父母，他们也不愿意多说。父母一定要注意和孩子之间的关系，要营造一个良好的氛围，让孩子愿意和你交流，不要让孩子独自承受过多压力。除此之外，父母也要注意孩子的情绪变化，如果发现他们有什么地方与往常不一样，要及时与之沟通，了解情况，帮助他们解决问题。

妍妍是一个性格内向的孩子，平时就不爱说话，可是最近好像变得更安静了，经常一个人坐在那里愁眉不展。她有时也会走到妈妈的身旁，貌似想要说什么，可是每当妈妈问她的时候，她就赶紧跑开。妈妈也注意到了这一点，总是问妍妍怎么了，可是每次妍妍都会说没事，让妈妈摸不着头脑。

一天，妈妈下班回到家，妍妍走了过来，小声地对妈妈说："妈妈，我能求你一件事情吗？"

妈妈："什么事情？你说吧。"

妍妍："妈妈，你把我的故事书要回来吧。"

妈妈："什么故事书哇，它在哪里呀？"

妍妍："《七色花》，在明明那里。"

妈妈："你为什么不自己去要呢？"

妍妍："我不敢，我害怕他打我。"

妈妈："你怕什么呀，你去要回属于自己的东西是很正常的事情，宝贝不用怕。"

可妍妍还是听不进去，最后竟然委屈地哭了起来。妈妈看到妍妍哭了，半心疼半责怪地说："你自己的东西为什么不自己去要呢？这么点事情都要妈妈去做，你长大了可怎么办哪？"

妍妍看到妈妈生气了，哭得更加委屈了，一个人跑回了房间。

接下来的几天，妍妍每天都是无精打采的，放学回到家后也只是一个人静静地待在房间里。妈妈担心她生病了，就带她去医院检查，可是检查结果显示她身体非常健康，妈妈就没当一回事了。

一天，妈妈的朋友来到家里做客，看到妍妍这个样子，感到非常疑惑。

朋友问："这个孩子怎么了？怎么无精打采的，是不是生病了呀？"

妈妈："没生病，她这几天都这样，总是一个人待着，也不和我们说话。"

朋友："她最近有没有和你说什么事情？"

妈妈："就是前几天她让我去帮她要回故事书，我没有帮她，让她自己去要，她就哭了，之后就这样了。"

朋友："她是不是有什么心事呀？"

妈妈："刚上一年级的小孩子能有什么心事呀。"

朋友："这可说不准，别看孩子小，他们也会有心事的，你最好和她好好谈一谈。"妈妈点头应承。

等到朋友走了之后，妈妈来到女儿的房间，和她聊了起来。

妈妈："妍妍，你最近是不是遇到了什么事情啊？"

妍妍："没有哇。"

妈妈："可是你最近的情绪很不对呀。有什么事情就和妈妈说说，妈妈帮你解决好不好？"

妍妍有些犹豫，妈妈鼓励她说："妍妍不要怕，不管遇到什么事情，只要你告诉妈妈，妈妈肯定会帮你解决的。"

妍妍："真的吗？"

妈妈："当然了，我是你的妈妈，我不帮你解决事情，谁还能帮你解决呀？你就放心说吧。"

妍妍："那妈妈会批评我吗？"

妈妈："你先和妈妈说说是怎么回事吧。"

妍妍想了想，终于和妈妈说出了实情。原来，明明强行拿走了妍妍的故事书，而且还威胁妍妍，不许她告诉爸爸妈妈，否则就把她的故事书撕烂。妍妍非常喜欢那本故事书，她自己不敢去要回来，只好让妈妈去要回来，可是妈妈让她自己去要，她又不敢向妈妈说出实情，只好将这件事埋在了心里。

妈妈在得知此事之后，帮妍妍要回了故事书，并且巧妙地让明明认识到了自己的错误。

内向型的孩子通常不善于和别人交流，他们经常会把事情埋藏在心里，即使是对亲近的父母，也不愿意主动透露，父母也不知道他们心中想的是什么，更不知道应该怎么样帮助孩子。

案例中的妍妍在遇到困难之后，因为害怕而不敢告诉爸爸妈妈，她怕告诉了爸爸妈妈之后，自己就失去了那本故事书。但是她又非常喜欢那本故事书，就想要让妈妈去帮着要回来，却并没有向妈妈说出实情。妈妈在不了解情况的前提下，严厉地批评了妍妍，这反而让妍妍更加委屈，她就更加不愿意说出实情了。幸好在朋友的提醒下，妈妈改变了自己的态度，让女儿敞开了心扉，顺利帮助女儿解决了问题。由此可以看出，对于内向型的孩子，父母一定要多注意他们的情绪变化，从而能够及时找出问题并帮助他们解决。

孩子不愿意和父母说出自己的心事是有原因的，一是他们不愿意说，二是他们不敢说。前者是由内向的性格特点决定的，后者是因为胆小和害怕，这种情况可能是因为受到了威胁，或者是因为父母平时过于严厉，孩子怕说了之后受到批评，所以只能选择用沉默的方式来应对问题。如果事情得不到解决，就会长期压在孩子的心里，将会使孩子产生严重的心理问题。所以，父母一定要重视这个问题，让孩子对父母敞开心扉，这样父母才能及时了解孩子的心理动态，从而更好地帮助他们解决问题。那么，父母应该如何让孩子主动敞开心扉呢？

父母要多注意自己的教育方式，不要对孩子太严厉了，不要让孩子对自己产生恐惧的心理，要拉近和孩子之间的距离，给孩子足够的安全感和归属感，这样孩子才能够对父母敞开心扉。除此之外，父母也要多关心孩子，多和他们谈心，及时了解他们遇到的问题，并提出合理的建议和解决问题的方法。父母帮孩子解决了问题，获得了孩子的信任，孩子就愿意交流，愿意把心里的事情说出来了。

在帮助孩子解决问题的时候，父母也要注意培养孩子的独立性，不要总是对孩子的事情大包大揽，也要尝试着让孩子自己解决问题。因为总有一天，孩子会离开父母的庇护独自生活。他们只有足够坚强，学会自己解决问题，人生之路才会走得更加顺畅。

当孩子害怕时，父母应及时安慰和鼓励

有胆大的孩子，就有胆小的孩子。有一个小男孩，他怕虫子、怕黑、怕打雷，甚至都已经上一年级了，竟然还不敢一个人睡，父母每天晚上都要陪着他，等他睡着了才能离开。对于这样的孩子，父母该怎么办呢？

孩子胆小是因为内心的恐惧，而产生恐惧的原因是缺乏安全感。要想帮助孩子克服这种恐惧，爸爸妈妈就要抽出时间多陪陪孩子，让孩子有足够的安全感，这样他们内心的恐惧感就会逐渐减少，胆子也会慢慢大起来。

崔可的父母一直忙于工作，崔可一岁的时候就和姥姥一起住，只有周末的时候，爸爸妈妈才会把他接回家住。眼看着崔可就要上小学了，爸爸妈妈决定将他接到自己的身边。和崔可长时间生活在一起后，妈妈发现崔可身上有一个缺点。

在将崔可接到自己的身边之前，妈妈考虑到崔可快要上小学了，决定以后让崔可一个人睡，于是妈妈精心给他布置了房间，房间里面放了很多他喜欢的玩具。

崔可看到这些后高兴得手舞足蹈，摸摸这儿、摸摸那儿，对所有的东西都爱不释手。妈妈看到崔可这么喜欢新房间，心想晚上崔可肯定能够顺利地一个人睡。但是，事情并非妈妈想象的那么顺利。到了晚上应该睡觉的时候，崔可直接跑到妈妈的卧室里准备睡觉。

妈妈："崔可，你不能在妈妈的房间里睡。"

崔可："那我要去哪里睡呀？"

妈妈："去你的新房间哪！你不是很喜欢那里吗？"

崔可："妈妈和我一起睡吗？"

妈妈："崔可已经是大孩子了，要一个人睡了。"

崔可："我不要一个人睡，我要妈妈陪我一起睡。"

妈妈："你都已经六岁了，马上就要上一年级了，应该学会独立，应该自己一个人睡。"

崔可："我害怕，我要妈妈陪着我睡。"

妈妈："你怕什么呀？爸爸妈妈就在隔壁，就在离你不远的地方。"

崔可："我怕黑，我怕看不到妈妈。"

妈妈："妈妈不离开你，妈妈就在隔壁好不好？"

崔可："不好，我不要一个人睡，我要妈妈陪着我睡。"说着崔可竟然哭了起来。

妈妈看到儿子哭了，瞬间就心软了，但是为了锻炼他的独立性，妈妈还是决定让崔可一个人睡，于是就对他说："崔可，妈妈和你一起去新房间睡好不好？"

　　崔可听到妈妈这么说，马上停止了哭泣，乖乖地跑到了新房间的床上，妈妈陪着崔可躺在床上，给他读故事书。崔可渐渐产生了困意，不久就进入了梦乡，可是手仍然紧紧地拉着妈妈的手。妈妈想要拉开崔可的手，可又怕弄醒崔可，就任由他这样拉着。望着崔可熟睡的脸，妈妈在担心他的同时，也反思了起来：崔可这么胆小是不是缺少陪伴的结果？之前每次过完周末，将他送回姥姥家的时候，他都非常不乐意，总是噘着小嘴。可是为了给孩子更好的物质生活，自己一直忙于工作，根本就没有注意到这一点。他之所以不敢一个人睡，不是因为怕黑，而是怕在黑暗中看不到自己，怕自己再一次把他送回姥姥的身边。想到这些，妈妈决定先不让崔可一个人睡，而是多陪陪崔可，给予他足够的安全感，帮助他克服内心的恐惧，等到他不再怕黑，再让他一个人睡。

　　第二天早上，崔可很早就醒了，醒来之后看到妈妈仍然在身边，露出了开心的笑容，并紧紧地搂住妈妈。妈妈轻声地说："昨天晚上睡得好吗？""有妈妈在身边，睡得非常好。"崔可高兴地回答。

　　吃早饭的时候，爸爸告诉崔可要带他去动物园。听到要去动物园，崔可露出了为难的表情，爸爸妈妈很疑惑。

　　爸爸："崔可，怎么了，你不想去动物园吗？"

　　崔可："爸爸，能不去动物园吗？"

　　爸爸："为什么呢？"

　　崔可："动物园里有狮子和老虎，我害怕它们，它们会吃了我的。"

爸爸："我们去看它们的时候会有保护措施的，它们接近不了我们，而且有爸爸在，你也不用担心。"

听到爸爸这么说，崔可似乎没有那么害怕了，于是答应了和爸爸妈妈一起去动物园。正值春暖花开的时节，动物园里百花齐放，鸟语花香。崔可看到这迷人的景色，开心得蹦蹦跳跳，爸爸妈妈跟在他的身后，也非常高兴。这时，爸爸看到旁边有卖冰激凌的，决定给崔可买一个。但爸爸刚把冰激凌拿到手，就听到了崔可的哭声，他赶紧跑了过去。

爸爸："崔可，你怎么了呀？"

崔可："爸爸，你看那里有一只大豆虫。"说着就用手指了指路边的大树。

爸爸顺着崔可手指的方向看去，果然有一只大豆虫在那里，正在津津有味地吃着树叶。看到被大豆虫吓得直哭的崔可，爸爸轻声地对他说："崔可，不要怕，你仔细看一下大豆虫，它是很可爱的。"

说着爸爸就把大豆虫拿了起来，崔可吓得赶紧用手捂住了眼睛。爸爸轻轻地拿开崔可的手，说："崔可，你看这只大豆虫，它肉乎乎的多可爱，而且爸爸把它拿在手上，它也没有咬爸爸，爸爸也没有怎么样啊。"

崔可看着爸爸手里的大豆虫的确非常可爱，于是小心翼翼地伸出小手，触碰了一下就赶紧缩了回去。爸爸接着说："没有想象中的可怕吧，大豆虫也没有咬你吧，再试着摸一下吧。"

在爸爸的鼓励下，崔可再一次摸了大豆虫，这次摸的时间比上次要长。他轻轻地摸着大豆虫，对着爸爸笑了起来。

爸爸："崔可真勇敢，可以自己摸大豆虫了，崔可有进步了，来吃个冰激凌吧。"

崔可高兴地接过冰激凌，开心地吃了起来。看到崔可的进步，爸爸也由衷地感到高兴。

在接下来的日子里，妈妈经常会抽出时间带崔可出去玩，如带他去坐过山车，在夜晚带他去看星星和月亮。如果爸爸有时间，妈妈也会拉着爸爸一起陪伴崔可。渐渐地，崔可的胆子大了起来，更让妈妈高兴的是，崔可再也不缠着妈妈和他一起睡了。

在爸爸妈妈的陪伴和鼓励之下，崔可从一个连大豆虫都害怕的"胆小鬼"变成了一个敢独立睡觉的小男子汉，这就是陪伴和鼓励所带来的效果。

之前，父母因为忙于工作，就做起了"甩手掌柜"，将崔可托付给了姥姥姥爷，虽然姥姥姥爷对崔可也是照顾有加，但是仍然代替不了父母。每次父母将崔可送回姥姥家的时候，他的内心肯定是拒绝的，而且在行动上也表现了出来，但是父母并没有注意这一点，认为小孩子过一会儿就好了。其实，小孩子没有大人想象的那么简单。久而久之，在他的内心深处，就会形成强烈的不安，他会认为父母不要自己了，总是将自己推给别人，这也是为什么他会怕在黑暗中再也见不到妈妈的原因。其实，在崔可的内心深处，是渴望和父母在一起的，他也希望得到父母的鼓励，希望父母一直陪着他。

当爸爸妈妈意识到孩子缺少陪伴之后，就开始努力补偿孩子的缺失。在父母的共同努力下，崔可内心的安全感在不断地增加，他对周围的事物也不再那么恐惧了，渐渐地，胆子也就大了起来。小孩子怕黑、怕小动物、怕孤独、怕一切看不见的"妖魔鬼怪"，这都是很正常的。所以，当孩子害怕这些东西的时候，父母不要总是责怪孩子胆小，因为恐惧是一种很正常的心理。但是，父母也不可以掉以轻心，因为如果在孩提时代，父母没有帮助孩子解决心理恐惧的问题，这些问题就会对他们未来的生活和工作产生负面影响。

任何恐惧心理的产生都和环境有着密切的联系。如果父母总是将孩子推给爷爷奶奶、姥姥姥爷照顾，孩子久而久之就会缺乏安全感和归属感，内心就会非常恐惧。所以，帮助孩子克服恐惧最好的办法就是给予孩子足够的安全感和归属感。

对于孩子来说，最让他们信任的人就是父母，有父母在身边，他们会无所畏惧。父母的鼓励和陪伴是他们成长过程中不可或缺的克服内心恐惧的良药。

如果孩子十分胆小，父母不要将责任都归到孩子的身上，自己也要反思一下，想想自己是否给予了孩子足够的爱和陪伴。

对孩子要有足够的耐心

有的父母抱怨："别人家的小朋友和其他孩子在一起的时候总是很快就能玩到一起去，可我家孩子总是扭扭捏捏地不和人家玩，宁愿自己待着，这么不主动真让人发愁。"

其实，父母对此有些杞人忧天了，内向型的孩子有的时候只是慢热，他们不会像外向型的孩子那样主动，也不会像外向型的孩子那样很快就能和其他人打成一片。他们需要适应，需要观察，需要思考，需要克服内心的恐惧和羞涩，鼓励自己去和他人说话，去和别人一起玩，而这些都是需要时间的。所以，父母在面对内向型的孩子的时候，千万不要着急，而应该多给他们一些时间，让他们做好充足的准备去适应、去改变、去融入。

华华是个非常害羞的小女孩，经常和别人说句话就脸红了，更别提和别的小朋友一起玩了。

一个周末，妈妈带华华去超市买一些生活用品。妈妈想要给华华买一个小板凳，可是找了半天也没有找到，需要向售货员咨询一下。妈妈正好想锻炼一下华华与人沟通的能力，于是就让华华去问售货员。

妈妈："华华，你去找一下那位穿着蓝色工作服的阿姨，问问她儿童小板凳在哪里。"

华华看了看那个阿姨，犹豫了一会儿说："妈妈，还是你去吧。"

妈妈："为什么呀？"

华华："我不想去，我不敢。"

妈妈："你怕什么呢？"

华华嗫嚅着说："我不知道该怎么说。"

妈妈："妈妈刚才不是都告诉你了吗？你就和阿姨说：'阿姨，我找不到儿童小板凳，你能告诉我小板凳在哪里吗？'"

华华低着头不说话，心里还在犹豫。妈妈对华华说："你试着去问问，阿姨告诉了你，我们买完了就可以回家了呀！快点儿！"

妈妈的声调稍微有一点高，这让华华非常害怕，觉得也许是因为自己的害羞让妈妈生气了。华华站在那里一动不动，竟然还小声地哭了起来。

看到孩子如此表现，妈妈有些生气："你都这么大了，让你去询问点事情都这么费劲，要不别买板凳了。"说完就拉着华华回家了。

回到家，爸爸看到生气的妻子和哭泣的女儿，已经猜到了个八九不离十，但还是心平气和地问了情况。

爸爸："华华，你怎么了呀？"

华华仍在哭泣，没有吭声。

妈妈说："我想给她买个板凳，找了挺长时间也没有找到，就让她去问问售货员，可是她说什么也不去，真气人。"

爸爸明白了事情的经过，对妈妈说："你先别生气了，咱家孩子本来就内向，你突然让她和一个陌生人说话，她肯定心里害怕，你就不要说她了。"

爸爸又对华华说："这也不是什么大不了的事情。好了宝贝，我明天带你去买板凳吧。"

第二天，爸爸带着华华去超市买板凳，他对华华说："华华，你去问问阿姨板凳在哪里好吗？"

华华："我不想去问。"

爸爸并没有像妈妈那样着急，而是轻声地对华华说："华华为什么不想去，你能和爸爸说说原因吗？"

华华："我不知道该如何开口，而且我害怕我说不好，阿姨会嘲笑我。"

爸爸："华华，你想得太多了，阿姨每天要面对很多人的询问，她不会嘲笑你的。再说了，你都没有试一试，怎么知道阿姨的反应呢？没准儿，阿姨会给你一个不一样的反应呢？"

华华眼里放出光芒，问道："真的吗？"

爸爸："真的，华华不着急，爸爸在这里等着你，等你想好了再去问阿姨好不好？"

华华点了点头，在原地站了很久，又看了看阿姨，最终决定去问阿姨。她犹犹豫豫，刚刚迈出去的脚又缩了回来。这个时候，爸爸给了她一个加油的手势，眼里也充满了鼓励，华华在爸爸的鼓励下，终于勇敢地走到了阿姨的身边。

华华轻轻地喊了一句："阿姨。"

阿姨看到华华之后，微笑着说："小朋友你有什么事吗？"

华华的脸一下子就红了，她结结巴巴地说："阿姨，我，我想……"

阿姨仍然保持着微笑："小朋友，别着急，慢慢说。"

看到阿姨微笑的脸，华华似乎没有那么紧张了，终于鼓足了勇气，大声对阿姨说："阿姨，我想问一下儿童板凳在哪里。"

阿姨听后笑着说："原来是这个呀，儿童板凳就在离这不远的地方，刚好阿姨要去那里拿点东西，阿姨带你过去好不好？"

华华看了看爸爸，爸爸点了点头，售货员阿姨领着华华去了卖儿童板凳的区域。过了一会儿，华华拿着一个漂亮的儿童板凳回来了。

华华高兴地对爸爸说："你看这个板凳好看吗？是阿姨帮我挑的。"

爸爸："非常漂亮，你谢谢阿姨了吗？"

华华自豪地点了点头，接着说："那当然了，我是懂礼貌的孩子。"

华华是一个非常内向的孩子，有着明显的内向型性格的特点：害羞、胆小、怯懦、心思细腻。她之所以不敢开口，是因为她的想法很多，想到了很多可怕的后果，这也是内向型孩子的弱点之一。他们在做一件事情的时候，总是会有很多的想法，而且对自己缺乏信心，还很要面子，总是害怕自己做不好，担心受到别人的嘲笑。这也是为什么华华的妈妈很生气，但是华华依然不肯去问售货员的原因。

从案例中可以看出，华华的妈妈是个性格有些急躁的人，她虽然想锻炼华华的胆量，但是操之过急，让华华感受到压力，而且她的责备让华华更加自卑与无助，最终导致华华大哭起来。反观华华的爸爸，他知道要给孩子时间，让孩子做好充足的心理准备，并且耐心地引导孩子，让孩子抛开了担忧，大胆地进行了尝试，最终成功买到了想要买的东西。

内向型孩子的心思比较细腻，他们在做一件事的时候总是会有很多的想法，因为考虑到各种后果，最终不敢去做，这也就是我们通常所说的"优柔寡断"。所以，对待内向型的孩子，父母不要着急，要给他们充足的时间，帮他们做好各种分析，让他们放心大胆地去做，从而让他们体会到成功的乐趣，最后变得勇敢起来。父母不要总是催促孩子，而要在给他们分析了各项利弊之后，让他们自己勇敢迈出第一步。父母的等待有时候也是对孩子最好的鼓励。

有的时候，内向型的孩子做事情确实很让人着急，但是作为父母，一定要有足够的耐心，不要总是给他们制造压力，应该多给他们一些时间、一些鼓励，并在旁边及时给予正确的引导，让他们逐渐培养起自信心。

◇ 积极鼓励内敛的孩子 ◇

自卑的孩子往往对自己没有信心，不敢表现自己，父母适当的鼓励和支持会帮助孩子建立信心，帮助他们走出自卑的阴影。

父母应该采取措施来帮助性格孤僻的孩子获得友谊，有意识地引导孩子主动一些，让他们体会到交朋友的乐趣。

好父母日常家教演练

1. 当孩子自卑、内向时，你会采用哪些方法来提升孩子的自信、增加孩子的勇气？

_____

_____

_____

2. 如果你的孩子性格孤僻、不合群，你会采用哪些方法来帮助孩子融入集体？

_____

_____

_____

3. 如果孩子不爱与父母沟通，你会如何让孩子说出心里话？

_____

_____

_____

4. 你对待孩子有耐心吗？你会因急于想让孩子有所改变而采用一些粗暴的方法吗？

_____

_____

_____

5. 当孩子需要父母陪伴时，你会安心陪伴孩子、鼓励孩子吗？

_____

_____

第五章

孩子的不良行为，父母这样化解

润物细无声，逐步改掉孩子的霸道性格

在现实生活中，孩子的言行举止总是不能让父母满意，有些父母甚至抱怨自己孩子的性格变得越来越不好，原本乖巧的孩子对长辈没有了以往的尊重，有的变得越来越霸道，有的竟然学会了撒谎甚至偷盗。这些都让人既气愤又担忧。

其实说到底，孩子的这些变化都是由成长过程中出现的心理偏差所导致的，面对这种现象，父母要稳定情绪，不必过度担心，也不可放任自流。正确的处理方式就是父母要认真分析现象，通过孩子表面的行为去了解其情绪波动的原因和背后的心理需求，并且通过一定的心理约束和纠正机制及时制止和引导，从而让孩子尽早远离坏性格，回到身心健康发展的正确道路上来！

乐乐是班上最不受其他小朋友欢迎的孩子，因为她是班上的"淘气大王"：如果有活动要到操场去，老师就会让小朋友们排队离开教室，其他小朋友都乖乖听话，只有她把老师的话当作耳边风，仍然在地板上疯狂地爬来爬去、大声叫嚷；上故事课时，其他小朋友都在聚精会神地听老师讲故事，只有她一会儿推一下左边的同桌，一会儿打一下右边的小朋友，一刻不停地捣乱；游戏课上，乐乐也表现得很霸道，只要是她喜欢的玩具，就要独占，其他小朋友谁也别想拿走……

有一次，小朋友们正在玩开火车的游戏，游戏规则是一个小朋友当火车头，由"火车头"邀请其他小朋友依次坐上用小板凳做的小火车，大家在老师的指挥下，骑在小板凳上"咔嚓咔嚓"一起前进。开火车游戏是小朋友们参与度极高的游戏，但无论谁当火车头，乐乐从来都没有受到过邀请，也就无法享受这个游戏的快乐。看着其他小朋友兴高采烈地玩着开小火车的游戏，坐在一边的乐乐显得特别孤独和无助……

小朋友都不愿把乐乐当成好朋友，不邀请她上自己的"小火车"，显然，乐乐已经成了班级里不受欢迎的小朋友。这样的局面正是由乐乐自身性格造成的，她爱捣乱、淘气又霸道，小朋友们都远远躲开她，唯恐避之不及。而这种在同伴群体里不受欢迎的情形一旦形成，短时间内都难以改变。细究起来，乐乐属于性格外向、活动参与意愿较高的孩子，也就是说，她还是比较喜欢动起来的活动。这就可以解释为什么在要求安静的活动中，乐乐容易出现"捣乱"行为。对于集体活动的一些规则，如安静排队、保持纪律性等，乐乐无法遵守。乐乐的这种性格与她的家庭环境和父母的教育方式有着直接的关系。

被隔离于集体活动之外，对于正处于身心发展阶段的孩子来说非常不利。每个孩子都有一颗积极向上的心，都希望自我价值被认同，这是他们不断努力和奋进的动力，但周围同伴的心理排斥使得他们感觉被遗弃，长此以往，就会阻碍他们心理的正常发育。

在现实中，孩子在家里基本都是高高在上的"小皇帝"，是家庭生活的中心，这容易使他们形成以自我为中心的想法并养成不良性格。这样难免会给他人留下霸道、专横的坏印象。父母都希望改变这种状态，那么到底该如何入手，让孩子改掉霸道的不良行为呢？

1. 营造积极向上的家庭氛围

"你走吧！这个家不要你了，你爱去哪儿去哪儿！气死我了！"这是与孩子发生冲突后，父母使用频率最高的话，也是最让孩子伤心的话。情绪上来的时候，父母与子女双方都唇枪舌剑，互不相让。长此以往，孩子倔强的一面和霸道的个性就显露无遗。这是诸多坏心态的来源，也会引发他们的各种消极情绪，这些负能量围绕在孩子身边，会逐渐消磨他们昂扬的斗志，使其心灵时刻处于煎熬之中。

相反，在平等互爱的家庭氛围中成长起来的孩子，会多一份责任感，会照顾他人的感受，也更懂得体贴他人，还拥有积极向上的心态，不会为了一己之私而霸道行事。

2. 教会孩子享受分享的快乐

让孩子学会与人分享，能让他们更好地赢得别人的信任、支持和尊重。在这方面，父母扮演着非常重要的教育和引导的角色。如果父母对孩子的教育严重缺失，尤其是过于溺爱，会使孩子养成自私自利的性格，不愿意与人分享，做任何事都以自身感受为出发点，丝毫不考虑别人，这与父母期望孩子成为一个合格的社会人背道而驰。在现实生活中，一个什么都不愿与他人分享、霸道的人，是很难与他人保持良好的人际关系的，这样的为人处世也会阻碍孩子未来的成功。所以，父母要帮助孩子从小克服坏习惯，改变不良性格，培养孩子与他人分享的意识，这样可以为他们未来的成功打下坚实基础。

3.帮助孩子广交朋友

对孩子来说，结交朋友是一件非常重要且特别美好的事。而且，在交朋友的过程中，孩子能从他人的言行中发现自身的不足，也能懂得从朋友的角度来思考问题，进而逐步改正自私霸道的缺点，变得能够为他人着想，与人关爱互助。

父母要让孩子明白，友谊是一笔宝贵的精神财富，拥有了它会终身受益。父母还要让孩子明白，要获得友谊就要懂得从他人角度考虑，不能太过自私和霸道，因为友谊的基础是拥有良好的人际关系，而要做到这一点，首先要让他人接纳自己、喜欢自己。

以上三点都是针对弥补孩子的性格缺陷可以采取的措施。做到这些并不难，但父母首先要放平心态，要有耐心，不可急于求成。

对待无理取闹的孩子，巧用妙招化解

面对无理取闹的孩子，父母该以什么样的态度应对，又该如何教育孩子并帮助其改正呢？

有一位母亲谈到这一问题，她说："我的女儿四岁了，十分聪明，平时也比较乖巧、可爱。因为我和她爸爸平时工作很忙，所以女儿是长期交给姥姥姥爷照顾的，但我们每天都尽量抽时间过去陪陪她，不让她有孤独感。因为她从小就不跟妈妈在一起，吃的是奶粉，所以体弱多病，幸好姥姥姥爷把她照顾得很好，身体上并无大碍。

"女儿比较好动、要强，所以我和她爸爸商量后决定让她两岁就上幼儿园。孩子的学习能力不错，但她就是任性了些，有点儿我行我素，不太顾及他人的感受。有时候脾气一上来，她就故意不回答老师的问题，问她为什么，她说不想当着这么多人的面回答。我们跟老师沟通后发现，其实大部分时候老师让孩子发言时孩子都很配合。每逢开学，孩子总是会因为要离开我而大哭几天。不过据老师说，等我们走后，她很快就能调整过来，而且会非常积极地表现，也会和幼儿园里的小朋友们玩。

"就在这个寒假，孩子有了很大进步，我们感觉她长大了许多。她开始喜欢学习生字，也更加有耐心去玩玩具，而不是玩几分钟就扔在一边。然而，事情都有两面性，孩子的性格也变得更加任性，甚至有点儿固执。她玩游戏时碰到不懂的地方，我们必须及时为她讲解，否则她就开始吵闹，并且闹得很厉害，谁都劝不住，姥姥姥爷又不懂游戏，所以这种情况频繁出现。我们后来干脆把她接到身边，我和她爸爸每次都通过转移注意力的方式让她安静下来，真是让人无奈呀。

"我也多次跟她沟通过，告诉她以后还有学习的机会，放平心态最重要。孩子当时答应得好好的，过不了多久又故态复萌了。哎！我和她爸非常发愁，到底该拿她怎么办？"

很多父母都和上文中的妈妈有着一样的担忧，都为自己孩子的任性而烦恼。小孩子的任性往往表现为他们不顾客观环境和条件，不注意自己的言行，也不听从别人的劝告和阻拦，由着自己的喜好来做事。任性当然不是一种良好的性格，对孩子的身心健康发展也很不利。在现代社会中，很多父母完全抛弃了教育的目的，而以孩子的需求为准，想方设法满足孩子的一切要求。正是这种衣来伸手饭来张口的日常行为，让孩子最终养成了任性的坏习惯。

从根本上讲，孩子任性是父母教育不当的结果。爷爷奶奶、姥姥姥爷的教育方式更是不敢恭维：孩子刚一哭闹耍性子，爷爷奶奶、姥姥姥爷就立刻心软投降、百依百顺。过不了多久，孩子就知道哭闹可以为自己换来一切。当父母想要改变孩子这一坏习惯时，才发现为时已晚。所以，父母要让孩子从小就向着懂事乖巧的方向发展，避免其形成任性、爱哭闹的性格。要想做到这一点，父母必须对孩子从小就严格教育，不能因为他们年龄小就不做要求或降低要求。

1. 做好预防工作

孩子的一些任性行为，都是父母没有严格要求或者没有采用正确的教育方式造成的，是有源头可寻的。父母可以在生活中多加留意，看看孩子在什么情况下会产生任性的行为，找出他们相应的行为规律，等到下次再遇到这样的情况时，就可以有针对性地予以教育。父母要跟孩子沟通好规则，一切按照规则行事，不能毫无原则地更改以适应孩子的需求。例如，长辈容易惯着孩子，孩子只要跟长辈在一起时，任性的毛病就会更容易表露出来，那么父母带孩子去长辈家时，就可以先约法三章，让孩子做到自己承诺的事，慢慢培养其责任感。

2. 多引导，讲道理

孩子的有些要求在大人看来是无理取闹，那是因为孩子不知道其中的道理。孩子就是要在父母的教育下成长，所以给孩子讲道理，让他们明白来龙去脉才是教育的目的，也是父母不可推脱的责任。当孩子的要求是无理的或不能满足的时，父母应通过说事实、讲道理等方式，让他们清楚其中的利弊，帮助孩子慢慢改掉任性的毛病。而且，父母要在事情发生时立刻纠正孩子的不良行为，否则教育作用不明显。

3. 多鼓励，多表扬

积极正面的夸奖会激发人的潜能，成为其前进的动力。所以，当孩子在改正任性的路上取得成绩时，父母一定要不吝赞美之词，让孩子知道自己的成就，使其坚定改正的决心。有些孩子则需要父母反其道而行之，采用激将法，父母不妨试着故意对孩子说："你肯定不能做到……"孩子就会努力证明自己能行；然后，父母巧妙地表达惊讶和对孩子的佩服，久而久之，同样能帮助孩子改掉任性的毛病。总之，父母不要拘泥于一种固定的方法，教育就是有教无类，达到目的才是最重要的。

4. 转移孩子的注意力

有一种情景经常在父母和孩子之间上演：孩子十分任性地要做某件事，而父母则认为此时此刻不该这么做。于是父母肯定会阻拦孩子采取行动，但孩子坚决不听。所以，一方吵嚷着要做，一方硬是不让去做，两方僵持着，多么有画面感。请注意，如果此时发生另外一件让人感兴趣的事，或者出现某个更吸引人的事物，孩子立刻就会被吸引过去，把当前的事忘到九霄云外……

这就给了父母一个启示：可以通过转移注意力的方式，将孩子的任性程度降低，只要设法把孩子的注意力转移到其他事物上去，同样可以纠正孩子的不良习惯。

5. 欲擒故纵

孩子有一种情绪叫作"顺杆爬"，你越是搭理他，他就愈演愈烈。在这种情况下，父母倒不如采取欲擒故纵的策略，故意不去关注他们，他们慢慢就失去了任性做事的激情。然后父母再通过沟通让他们明白是非对错。当然，这个方法对父母的要求相对较高，父母要能掌握事情的度，更要有高度的责任心和耐心，并能根据实际情况灵活变通。

6. 不放弃"惩罚"

如果以上方法都不奏效，父母也不要心软，该惩罚时绝不敷衍，正所谓"树不修，长不直"。当然，适当惩戒的前提是不能伤害孩子的身心健康。父母要确保惩罚带来的后果对孩子身心没有伤害，也不可半途而废，否则会激发孩子更严重的叛逆心。

其实，孩子并非生来就听话懂事，更不是生来就讨人嫌，一切都是教育的结果。所以，要想孩子身心能够健康地发展，父母一定要有耐心，要长期引导，才能帮助孩子改掉任性的毛病。

以慈爱融化孩子的自私

　　无论是在网络新闻中还是在现实生活中，总能见到不少父母围在学校门口送孩子上学的情形。一天，一对夫妇送正在念小学二年级的儿子上学，到学校门口后，儿子却说什么也不肯进学校，非闹着要跟爸爸去上班。爸爸平时都对他言听计从，但公司有严格的规定，不能随意带孩子到公司。爸爸舍不得打骂孩子，只好苦口婆心地劝说，甚至连妈妈也下车一起劝说孩子。最后妈妈失去耐心，要求爸爸带儿子去上班，爸爸实在不能带，只好继续劝孩子进学校。正在此时，孩子的班主任看到了这一幕，就过来劝说孩子。在班主任的劝说下，孩子终于同意进校上学了。老师望着无奈的父母开着车离开，不禁陷入深思。

　　这一幕既真实又让人感到悲哀和无奈！为什么孩子不肯体谅父母的难处，做事只从自己的意愿出发呢？很明显是家庭教育出了问题。父母对孩子的溺爱和纵容，助长了孩子的"嚣张气焰"，这已经成为当今一些家庭的通病。随着物质生活质量的极大提高，许多父母对孩子的娇惯已经到了不可理喻的地步，甚至明知道违背常理和常识，也无限听之任之，令人扼腕叹息。

其实，这是因为有些父母的教育理念出现了偏差。孩子应该学习的不仅仅是文化知识，也包括举止言谈、行事风格等。很多父母在"应试教育"理念下，只关注孩子的学习成绩，却忽视了对孩子的人格培养，忽视孩子心灵的健康成长。很多孩子因此越来越自私自利，这种孩子在家庭中的"地位"看起来还非常高，因为这样的家庭缺乏"人人平等"的理念。就这样，孩子被扭曲的爱包围着，被几代人宠着、惯着，难免会只从自身考虑，从不顾及他人感受，还想当然地以为自己的欲望都应该得到满足，感恩和回报更无从谈起。

这些都是孩子自私性格的综合体现，自私的孩子往往内心寂寞无助且性格有较大缺陷。长大后，他们常常会因为某些需求得不到满足而耿耿于怀，因此内心往往充满了痛苦和怨恨，缺乏欢乐和感动。

值得庆幸的是，孩子无论表现得多么让人失望，毕竟还处在学习成长阶段，还有改变的可能。作为父母，我们应该要努力提升自己，做好孩子的监督员。为了孩子的未来，父母具体应该怎样教育孩子，才能避免其形成自私自利、以自我为中心的性格呢？

1. 不溺爱，不迁就

孩子如果霸占食物、玩具，没有与他人分享的意愿，那么这肯定与父母平时的溺爱有很大关系。很多父母把好吃的、好玩的全让给孩子，觉得这样才是对孩子的爱，就算孩子偶尔想分享给父母吃，父母在感动之余也会说："我们不吃，你自己吃吧。"其实，父母不该如此，要尝试着让孩子分出一些食物、玩具给他人，培养他们乐于分享的意愿，否则就会打消他们的分享念头，让他们继续享受自己的"独霸之道"。以后再有类似情形，他们就会理所当然地把好吃的、好玩的据为己有。

2. 不让孩子拥有特权

给孩子灌输一种"家庭成员人人平等"的家庭观念，这是斩断一切"独享独霸"行为最有效的方法。父母要时刻叮嘱孩子要具有"利他"思想，让他们知道凡事不能只从自身出发，因为人人平等，所以自己并没有任何优先权，所有的机会都要靠自己争取，而不是他人给予。

3. 让孩子明白分享并不意味着失去

孩子的世界非常简单，当他们被要求分享时，想的只是自己的东西要被夺走，所以才不愿与人分享。父母要让孩子看到更广阔的天地，让孩子明白分享其实不是失去，而是一种互利，把快乐分享给伙伴，会有更多人快乐；分享体现了自己对别人的关心与帮助，自己与别人分享了，别人也会回报自己同样的关心与帮助，这也是交往的基础。长此以往，孩子与伙伴彼此关心、爱护、体贴，自然性格会更豁达，心胸会更开阔。

4. 培养孩子互利互助的好习惯

通过最简单的物物交换形式，父母在家中就可以培养孩子互利互助的好习惯，并使之逐步成为孩子人格的一部分。父母要让孩子从小就明白，好东西除了独霸，还可以用它去换取更好玩、更有趣、更快乐的体验。

5. 创造机会锻炼孩子

孩子的性格、习惯都受到成长环境的影响，所以父母可为孩子创造机会，锻炼其言行举止，如经常让孩子与小朋友一起参与集体活动，鼓励共同活动，让他们分享互动带来的快乐。另外，父母应常创造孩子为自己服务的机会，如让孩子参与家务及其他家庭活动，把他看作家庭的普通一员而不是需要照顾的特殊成员，这样孩子的姿态自然会是平等的，而不会是高高在上的。

6. 以身作则，树立榜样

孩子模仿能力强，父母的言行就是他学习的榜样。父母要做与人分享的模范，经常主动地关心帮助他人，这既是自身修养的体现，也为孩子树立了良好的标杆。

自古以来，无数事实说明：骄奢多败家之子。很多人的人生之所以失败，是因为受父母的不良影响颇深。因此，父母应该在孩子的教育成长中起到引导作用，让孩子通过日常生活的磨炼，成为一个懂得感恩、关爱他人的好孩子，最终让他们拥有健全独立的人格，这才是教育的最终目的！

用爱让脾气暴躁的孩子静下来

　　有些孩子的脾气比较急躁，遇事容易冲动，尤其当他们遇到不顺心或自己看不惯的事，常常容易变得十分暴躁，有时还同对方争执，他们甚至常因无法自控而说出一些使人难堪的话。这难免会影响同学团结，甚至会影响家庭和睦。

　　脾气好的人会受人欢迎，别人喜欢同他合作、共事；脾气不好的人，常常会影响他人的心情，给人带去苦恼，往往无法被他人的接纳。孩子温和、平静、有耐心等好脾气，往往反映出其家庭和睦平等；孩子任性又暴躁的脾气往往反映出父母对其的溺爱，或者家庭氛围相对比较冷漠，家庭成员之间关系比较紧张，或者父母对孩子的要求过于严苛，脱离了实际。

　　父母都希望自己的孩子有修养、脾气好，却总想"不劳而获"。其实，想要培养出一个脾气好的孩子，父母需要拥有更高的精神境界。一个脾气暴躁的孩子，其未来让人担忧，那么到底父母该怎样做才能培养出一个脾气好的孩子呢？

1．让孩子直观感受坏脾气带来的恶果

父母要让孩子明白，这世界并非为他们而存在，人在生活中总要同其他人进行接触和交往。如果一个人想获得别人的理解、认同和好感，想与他人成为朋友，就要为对方着想，不能时刻以自我为中心，否则只能与孤独、寂寞为伴，甚至在社会上寸步难行。人的行为往往是意识的外在表现，当孩子切实感受到了坏脾气的危害，其内心自然就会拒绝坏脾气，并试图远离它。

2．引导孩子不断学习

人的修养并非一朝一夕能够养成的，需要知识的填充和熏陶。多读书总有好处，会改变人的气质，丰富人的内涵。父母要引导孩子不断学习，让孩子具有良好修养。

3．营造良好的生活环境

一个好的生活环境会让孩子的心态向好的方向发展，继而形成良性循环，这也是培养具有良好修养的孩子的前提。

4．多带孩子感受社会

不要让孩子做温室里的花朵，因为不一样的环境会造就不一样的人。一个孩子的阅历和认知是其对社会真实感受的反映，同样会表现在修养中，所以父母要让孩子从小接触社会，让孩子感受社会真实的样子。

5．培养孩子控制情绪的能力

控制情绪的能力大小折射出孩子自制力的强弱，也会对其以

后的生活和工作带来极大影响。这是个系统工程。

(1) 让孩子学会安静。父母要帮助孩子寻找适合自己、能够让自己放松下来的方法，并从精神层面鼓励孩子持之以恒地采用该方法，尤其是当孩子处于兴奋状态时，要让他懂得控制自己。

(2) 让孩子安静下来不等于使其一直处于孤独状态，否则就会剥夺孩子正常的交往和情感交流。父母要负起责任，时刻关注孩子的身心发展，避免孩子变得"孤独"。

(3) 允许孩子表现出嫉妒、愤怒、沮丧以及怨恨等负面情绪，不可因此轻易惩罚孩子，前提是不可为了表达而伤害他人，这也是底线。

一个人的修养往往会在日常的言谈举止、待人接物上表达出来。孩子修养的提高总能让人感到欣喜，但这需要较长时间的培养，父母千万不可操之过急。所以，如果父母希望孩子成为一个仪态得体、信心满满、充满魅力的人，就要让他学会控制情绪，不断提高各方面修养，不断丰富人生阅历。

从小培养孩子的大格局

　　一个人的格局往往影响着他的一言一行。有些人心怀天下，所以不拘小节；有些人眼中只有蝇头小利，所以才会斤斤计较。父母应该教导孩子拥有宽广的胸怀。

　　胸怀并非是天生的，而是跟个人经历有关，行万里路、读万卷书的人，可能拥有宽广心胸，不会计较细枝末节。品格高尚的人几乎也都胸怀宽广。因此，父母应培养孩子不铺张浪费、艰苦朴素的生活习惯，使孩子具备吃苦耐劳的良好品质，否则孩子难以承受挫折，遇到逆境容易变得意志消沉。父母在教育孩子的时候，精神方面的教育必不可少，因为只有拥有宽广胸怀的孩子才能适应各种复杂情形下的社会竞争，才能够永远傲然挺立，视一切起落浮沉和风吹雨打都如同平常一般。

　　父母作为孩子的监护人和成长过程中的"领路人"，为了避免孩子心胸狭窄，可以从以下几点入手教育孩子：

1. 开阔孩子的眼界

　　眼界宽的人，胸怀自然不会窄。如果条件允许，父母应尽量利用各种节假日，带孩子见识祖国大好河山，培养孩子热爱祖国、热爱生活的态度，这也会让孩子在以后的生活中受益匪浅，如可带孩子领略东岳泰山的雄伟壮观；到内蒙古呼伦贝尔大草原真切感受"天苍苍，野茫茫，风吹草低见牛羊"的壮阔；游览热带风情的海南岛，观赏热带植物；去大兴安岭体验"北国风光，千里冰封，万里雪飘"。在一次次的游览中，孩子能够增长见识，开阔眼界，逐渐拥有宽广的胸怀。

2. 让孩子从阅读中汲取营养

书籍是人类进步的阶梯，这是永远颠扑不破的真理。书中有无数值得孩子学习的有关心胸宽广的故事，这些故事对孩子的启迪和教育效果有时远胜父母苦口婆心的说教。

小鹏喜欢阅读，经常看一些寓言故事和历史故事。有一次，当他读完《将相和》后，就很认真地对爸爸妈妈说："如果是我，我可不会背着吓人的荆条去认罪，多疼啊！"爸爸妈妈可不想放过教育机会，轮番上阵给他讲道理：因为蔺相如心胸宽广，能够以大局为重，所以秦国才不敢侵犯拥有这两个人的赵国。小鹏听完，也吵着要做蔺相如那样的人。

其实我们可以从这个案例得到启发，父母可以从生活中的一些现象出发，在其中融入道理并让孩子接受，告诉孩子怎样才能拥有宽广的胸怀，鼓励孩子多多欣赏他人的优点，不要嫉妒，更不要因一己之私而影响了大局。

3. 亲力亲为，为孩子树立榜样

父母是孩子呱呱坠地后的第一任老师，其言谈举止、待人接物会深深影响孩子。所以，父母要担起教育责任，为孩子做好表率，不要对一些鸡毛蒜皮的小事斤斤计较，更不要因此与人争吵，否则孩子会有样学样。

强强的父母在这方面就做得比较好。他们经常教育孩子要心胸宽广，要宽以待人，要热情对待他人，尽量不要与别人发生争吵。有一次，妈妈在送强强上学的路上，被一辆电动自行车蹭了一下，手被碰痛了，但骑车人非常有礼貌，一个劲儿地道歉。妈妈看着有些红肿的手背，只告诉骑车人要注意安全，不要因为着急就不注意自身和他人的安全，然后就让对方离开了。强强有些心疼妈妈，说道："妈妈，你怎么让他走了？万一你的手有其他问题怎么办哪？"妈妈笑着对孩子说："没关系，妈妈有分寸，确认手没有骨折，一会儿就会好的。那位大伯也不是故意的，你看他匆匆忙忙，说不定有急事，而且他已经道歉了，认识到了错误，我们应该给对方一个机会，不是吗？"

纵观历史，我们很容易得出一个结论：真正成功的人一定是心胸宽广的人，为眼前利益争执不断的人最终往往与成功无缘。所以，父母要确定大的教育目标：让孩子脱离眼前利益的牵绊，成为一个心胸宽、眼光远的人。因此，父母一定要注意孩子的品格培养，要将其培养为一个拥有豁达、宽广胸怀和大格局的优秀个体！

◇ 化解孩子的不良行为 ◇

你经常抢我们的玩具，我们不和你玩。

父母要注意营造平等互爱的家庭氛围，在这种氛围中成长起来的孩子，会照顾他人的感受，也更懂得体贴他人，不会为了一己之私而霸道行事。

这孩子太任性了！今天下大雨，怎么去游乐园?

我不管！我就要今天去游乐园！

我最爱吃牛肉了，这盘牛肉全是我的。

针对孩子的任性问题，父母可以先跟孩子沟通好规则，一切按照规则行事，不能毫无原则地更改以适应孩子的需求。

父母应该给孩子灌输一种"家庭成员人人平等"的家庭观念，这是斩断一切"独享独霸"行为的最有效的办法。父母要时刻叮嘱孩子要具有"利他"思想，凡事不能只从自身出发，不能只顾自己而不顾别人。

好父母日常家教演练

1. 当孩子比较霸道、有独占倾向时，你如何教孩子学会分享？

_____

_____

2. 当孩子无理取闹时，你会用什么态度来回应？

_____

_____

3. 在日常生活中，你会有意识地培养孩子的感恩精神吗？

_____

_____

4. 如果孩子的自控力比较差，你会用哪些方法帮助孩子学会控制
自己的情绪？

_____

_____

_____

5. 在日常生活中，你会用哪些方法开阔孩子的眼界？

_____

_____

_____

_____

孩子的负面心理，父母这样调适

告诉孩子，自己的事情自己做

很多父母常抱怨现在孩子的独立性非常差。从社会大环境到家庭小氛围，处处都体现着对孩子的关注、关照，孩子就是祖国的未来，可是这些"未来"的独立生活能力越来越差，往往无法承受生活的磨炼，有的甚至到了大学还让父母来做自己的"保姆"，毫无生活自理能力。其实，这些父母忽视了一点，每一个孩子最终都要承担起社会责任。父母不可能陪伴孩子一辈子，孩子终究要走上社会，独自面对社会方方面面的压力和责任。所以从小对孩子独立性和自主性的培养就显得尤其重要。

独立自主，顾名思义，就是不依靠他人而是自己做主，这是个体生存和发展的必要技能和条件，孩子也是如此。特别是当下的孩子在以后的人生道路上将面临更加严峻的挑战。所以，父母要从小锻炼他们，让他们尽早做到独立自主。那么怎样才能培养孩子的自主性、独立性呢？

1. 大胆放手，让孩子自己往前走

常听到一些父母说："我家孩子现在还小，不必强求，等他长大了自然就会。"但是，他们不知道的是，孩子独立性的培养需要一个漫长的过程，孩子根本不会突然长大。更重要的是，只有从小加以纠正，孩子的坏习惯才会尽早改正。父母要有意培养孩子的独立性，让孩子遇到事情时先自己想办法解决。如果孩子需要帮助，也要让孩子明确告知父母自己的意图，然后父母再帮助孩子寻找解决问题的方法，同时，父母要避免成为"主角"，一定要让孩子自己动手，避免助长孩子的依赖性。放手不一定是坏事，孩子在一次次的实践中，会逐渐形成独立意识，最终能够独立面对问题、解决问题。

2. 抓住一切机会，培养孩子的自主性

在我国传统的教育中，孩子听不听话就意味着孩子乖不乖，因此"听话""顺从"就成了好孩子的标签，这在不知不觉中使孩子变成了一个毫无思想的机器人。一个孩子一旦失去了自己的想法，就很难具有自主性。在家里有父母包办衣食住行，在学校完全听从老师安排，那么孩子何时才能做真正的自己呢？孩子严重缺乏自己做决定的锻炼机会，又何来自主性的培养呢？

独立、自主是相辅相成、相互依存的，让孩子处于独立的环境中，那么他们自然会自己做出一些决定，而不受大人思想的左右，自然也就会产生自主性。某件事是想做还是不想做，完全由自己决定，这大大激发了孩子的能动性和兴趣，有利于孩子智力的提高和良好性格的养成。

父母在培养孩子的自主性时一定要用适当的方法，因材施教，以求达到最佳的教育效果。此外，适时的言语鼓励、善意的提醒

也会促进孩子的自我提高，达到意想不到的效果。例如，父母在辅导孩子作业时，当孩子写出答案，不要急于告知正确答案，而要简单提示孩子回顾自己的回答是否有不足的地方以及是否有改进空间，让孩子逐渐养成思考和反思的好习惯，逐渐减少对父母、老师的依赖，这个过程其实就是让孩子实现独立自主的过程。

3. 培养孩子活泼开朗、坚强灵活的性格

人生不如意十之八九，生活不是一帆风顺的。如果孩子在生活中或学习上一遇到困难就直接放弃，而不是寻找解决方法，遭到一点点挫折就焦躁失落，而不是坚强面对，孩子的独立自主就是一句空话。

如果孩子面临困难，他们可能会因无法承受这种压力而在言行中明显表现出来。此时，父母或老师要及时发现问题，并安慰、鼓励孩子，让他们明白其实每个人都会经历各种磨难，此时他们更要用实际行动去证明自己是强大的，是不可战胜的。父母还要让孩子知道"困难如弹簧，你弱它就强"，自己一定要坚强起来，面对应该面对的困难，而不是憋在心里，每天发愁。父母一定不要忘记，在培养孩子的独立性和自主性的同时，还要培养孩子活泼开朗、坚强灵活的性格，这样一来，孩子在面临人生的巨大抉择和艰难险阻时，才不会感到无助。

最后，不可忽视的一点是，给孩子一些独立的空间，让孩子学习如何独立自主地面对问题、解决问题。请记住，越早做到这一点，孩子就能越早成为一个独立自主的人。

亲子沟通，态度比内容更重要

很多父母都碰到过这样的难题——自家孩子非常不愿意跟自己聊天、沟通。其实，要解决这个难题，父母只需掌握一个原则——态度第一，内容第二！

态度是说话的方式，态度不对，沟通的内容就无法完全达到效果。有些父母在平时不注意跟孩子说话的态度，只将精力花费在内容的正确与否上，因此往往无法形成有效沟通，造成"鸡同鸭讲"的情况，甚至会使孩子不屑与父母沟通，使亲子关系变得紧张。

父母与孩子沟通的态度会影响孩子三观的养成，这一点不可忽视。父母平时应该以平等尊重的心态、温和平静的态度与孩子沟通，这样能让孩子感受到父母的诚意，沟通效果才不会差。

一天，荣荣的妈妈很温柔地问她："周末你想去哪里？我带你去。"荣荣说："我想去航空博物馆看飞机模型！"妈妈却说："我们都去好几次航空博物馆了，那里面的模型名称妈妈都能背下来了。换个地方吧。"荣荣说："我不，我就是喜欢飞机嘛！"
妈妈说："要不这样，好几个星期没去姥姥家了，不如我们一起
回去一趟！"荣荣立马噘起了嘴："你早就决定好了，为什么还
要问我？哼！"

　　像这种情况，看似是父母在征求孩子的意见，其实是一种不
考虑孩子实际感受的假沟通。而且妈妈态度柔中带刚，不给孩子
一点儿空间，名义上征求意见，却不替孩子考虑，随意抹杀孩子
的想法，做法不可取。

　　沟通是指通过谈话或其他方式进行相互了解，而不是简单地
让对方做选择题，这种忽视对方实际感受的所谓"沟通"，只是
自欺欺人而已。孩子虽小，但也有自己的想法和做事方式，父母
不可将自己的意志强加给他们，所以父母需要和孩子进行沟通，
只有通过沟通才能达成共识，避免因意见分歧而产生矛盾。有很
大一部分父母在和孩子沟通时往往只注重内容而忽视态度。其实，
一场对话留给别人的印象只有少部分取决于谈话的内容，大部分
取决于沟通的态度。如果父母以严厉凶暴、蛮横无理的态度跟孩
子交流，孩子就会产生抵触情绪，效果更会大打折扣。

　　许多父母有这样的疑惑："我明明没有反驳孩子，也认真听
了他的想法，告诉他我是理解他的，可孩子最终还是不相信我，
真让人头疼。"没错，父母已经告诉孩子自己理解他，但如果父
母的实际行动与语言不一致，那么父母是无法真正和孩子产生共
鸣的，这样一来，父母说的话孩子都没有听进去，效果自然不会好。
孩子是非常敏感的，有着极强的察言观色能力，父母千万不要言

行不一致，因为孩子会察觉到父母并没有发自内心地认同他的感受，就会产生抵触的态度，此态度一旦出现，沟通就很难进行。

与孩子沟通前，父母一定要做好准备，尤其要注意态度温和，与孩子平等对话，以尊重、信任的态度与孩子沟通，避免出现流于形式的"鸡同鸭讲"。

孩子幼小的时候由于正处于心智发展阶段，在生活、情感上都离不开父母，所以与父母的沟通是倾诉式的，父母自然感觉不到沟通困难。随着年龄增长，孩子的心理需求发生了较大变化，若父母不随之改变，固守老观念，孩子的需求就得不到满足，孩子自然从心理上开始拒绝与父母进行沟通，而迟钝的父母还浑然不知，只是一味强调孩子大了，不服管教，最终造成亲子间沟通不畅。

因此，父母要在孩子还小时就给予孩子信任感，建立较强互信，同时要时刻关注孩子的身心发育。随着年龄的增长，孩子的自我意识会愈发强烈。孩子有自己的一些主见，说明孩子知道了自己的力量和能力。此时，父母要及时摒弃老旧的沟通方式，给予孩子足够的尊重，继续赢得孩子的信任，建立良好的沟通渠道。同时，随着年龄增长，孩子对父母的谈话语气越来越在意、越来越敏感。此时，父母要避免以不耐烦的、敷衍的态度和语气刺激他们。因为人人都有受到尊重的权利，正处于人格建立时期的孩子更需要小心呵护。很多父母不注意与孩子交谈的语气，所以他们与孩子的沟通达不到应有的效果。以下一些经验和建议值得父母学习和效仿，相信会使沟通取得不错的效果。

首先，每个孩子都有自尊、自信，不要认为孩子还不成熟就随意践踏孩子本就脆弱的自尊、自信。父母别动不动就给孩子扣"帽子"："你是个无能的人，总做错事情。""结果你也看到了，你就是错了。""不听老人言，吃亏在眼前。"

其次，孩子内心其实非常希望得到成人，特别是父母的信任，所以父母对孩子说话时，要让孩子明显感受到父母是信任他们的，这是建立互信的基础。

再次，父母要及时发现孩子的优点，并多表扬、赞赏他们，鼓励教育一般都有很好的效果。

最后，孩子没有任何过失是不可能的。当孩子做错了事，父母不要一味地批评、责备，而应帮助他们在过失中积累经验，鼓励他们再次尝试。这样，既教给他们实践的方法，又给了他们再次尝试的信心。

就事论事，不要旧事重提

　　相信很多父母都有这样的"痛苦"经历，孩子总是犯相同的错误，无论父母提醒多少次，把后果说得多么可怕、多么严重，都无济于事。其实，父母不必过于担心，因为孩子正处于心智成长期，孩子总是犯相同错误的情况不可避免，甚至孩子自己有时也会自责，此时父母千万不可强化后果，否则会使孩子害怕甚至反抗。

　　很多父母认为，不断批评孩子就能强化孩子的记忆，督促孩子改正错误，可事实并非如此。父母多次"翻旧账"只会伤害孩子脆弱的自尊和削弱他们解决问题的耐心，无助于孩子形成良好的解决问题的态度。更有甚者，还会增加孩子对父母的仇视，进而使孩子产生"破罐子破摔"的心理。

　　想想我们自己，小时候是不是最反感父母"翻旧账"？"翻旧账"会让孩子觉得只要犯了错误，就永远无法摆脱，让孩子不敢放手去做，对孩子的身心成长造成束缚。

　　一位老师是小学三（2）班的班主任，有一次开家长会的时候，他偶然间提到批评孩子的问题，没想到，话题一挑开，家长们都"炸了锅"，纷纷大倒苦水。有的家长说："现在的孩子真难管，犯了错误，你都不敢说重话，他比你还能说！"另一位家长接过话茬："我家孩子根本不理我，你说得多了，他甚至会跟你顶嘴，好像反倒成了我的错。"

班主任看到家长们都纷纷指责孩子，就抛出一句："你们这样抱怨，有没有想过问题出在自己身上？"

"什么？孩子犯了错，反倒是我们的问题，难道不该批评他们几句？"

"实事求是地讲，你们在批评孩子的时候，有没有'擅自扩大打击范围'，总是揪住孩子以前的'小辫子'不放，唠叨个没完？"

刚才还叽叽喳喳的家长，现在一下子安静了下来。

过了好一会儿，才有一位家长不忿地说："您说的问题，我想了一下确实有，但我们这么做还不是为了让孩子'长记性'，不多说几遍，他们能记住吗？就这我还嫌说得少呢！"

"适得其反！"班主任强调，"许多家长在批评孩子的错误时，最不应该做的就是'翻旧账'，在对一件错误的事进行批评时，一定要就事论事，避免旧事重提。否则，只会让家长的批评没有重点，不能让孩子感受到事情的严重性，还会让孩子对家长的批评感到不耐烦。"

其实，很多父母在批评孩子时，都存在着"翻旧账"的坏习惯。孩子做错的一件事，结果却成了引爆父母情绪的导火索，父母在批评孩子的时候，越说越多，最终一发不可收拾，对孩子全盘否定。其实，孩子在面对父母的批评时，最怕的就是父母反反复复地絮叨之前的事情。本来孩子之前已经认了错，父母今天又要"翻旧账"，多次反复提及已经"尘埃落定"的事情，对父母来说，这并不是聪明的做法。因为，这样一来，不仅会伤害孩子的自尊心，无法达到教育孩子的目的，还会让家庭氛围降到"冰点"，导致沟通彻底失败。

正确的方式应该是，批评孩子要就事论事，不"翻旧账"。孩子以前做错的事，以前已经批评过的就应该一笔勾销，不要总记着孩子不好的方面，让孩子误以为父母对他们全盘否定，让孩子觉得在父母面前永远抬不起头。

孩子很敏感，自尊心强。"翻旧账"会伤害孩子的自尊心，也会在短时间内扰乱父母的情绪，使父母忘记此次批评的重点。孩子在成长过程中不可避免地会犯错误，父母要以发展的眼光看孩子，相信孩子会变得越来越好。而揪住孩子以前的错误不放，会让孩子觉得自己永远也无法弥补犯下的错误。

即使孩子多次犯下同样的错误，父母也一定要当作是他们第一次犯错，而不是批评他们"猪脑袋记不住"，从而无限放大问题。孩子正处在不断学习、成长的过程中，父母动辄"翻旧账"，反复刺痛"旧伤"，反复刺激孩子的弱点，会让孩子产生自己一无是处的错误认识。久而久之，孩子就会怀疑自己的能力，很容易裹足不前。父母首先自己要清楚"金无足赤，人无完人"的道理，学会包容孩子的缺点，不要一味批评，要与孩子一起寻找解决方案，避免让孩子再犯同类错误，促进孩子不断进步。父母尤其要避免不分青红皂白就一顿批评，想当然地把孩子这次的错误与以前的联系在一起，这样会使孩子感到委屈并产生强烈的抵触情绪，继而引发更严重的后果。其次，父母还要将更多精力投入到孩子的成长过程中，不断发现孩子的点滴进步，并以鼓励为主，帮助孩子重新树立生活、学习的信心，让他们以更阳光的心态面对生活。

以下经验可供父母参考。

要专注于当下孩子犯的错误，绝口不提以往经历。父母应该将教育的重点放在如何帮助孩子改掉缺点上，而不是"我家孩子为什么这么笨"的负能量点上。父母务必牢记"犯一次错，只批评一次，绝不能反复'翻旧账'"。即便有再次批评教育的必要，父母也要避免进行机械重复的批评，而是要换个角度，以更加灵活的方式表达。这样，孩子才能从心理上接受，不会觉得同样的错误被"揪住不放"，才会放下戒备，不会出现抵触情绪。

对于孩子的具体错误，父母沟通的时候要集中精力，有针对性地就事论事，不要使沟通流于形式，不然沟通会成为毫无意义的唠叨说教，浪费时间。父母要放低姿态，不可高高在上，要将自己当作孩子的朋友，以平静的心态和语气，慢慢地和孩子沟通，使孩子真正认识到错误，调动孩子改正错误的积极性。父母在谈话前要做好准备，做到"知己知彼"，摸清孩子的思维模式，掌控谈话方向和结果导向，从而达到教育目的。

最后，父母批评孩子时一定要客观，不要将自己的情绪混入其中，一定要避免出现"父母越说越激动，甚至要动手"的情况，做到对事不对人。所以，谈话时机也非常重要，父母不要在自己心烦意乱的时候与孩子沟通。父母要心平气和地告诉孩子他们犯了什么错误，帮助他们分析原因，告诉他们父母的感受和这次犯的错误可能会给自己和社会造成的危害，切忌放大错误。

改掉坏习惯，养成好习惯

很多孩子都有粗心大意、丢三落四的坏习惯，明明可以做到的事情往往因为一个疏忽而没有完成，这会让抱有极大希望的父母和老师深感失望和无奈。确实，当这种坏习惯再三出现时，它肯定会让人既懊恼又大失所望，也会给孩子的生活、学习带来极大的负面影响。那么该如何让孩子改掉这一坏习惯，更好融入集体呢？

在妈妈眼里，洋洋是个乖孩子，凡事都要和妈妈商量，从来不乱做主张。一天，他做完作业，像往常一样向妈妈汇报："妈妈，我做完作业了。"

妈妈一看时间，比平时早很多，心里感到奇怪，平时作业再快也要晚一个小时才会完成，今天为什么这么快？带着疑惑，妈妈准备检查一下洋洋的作业。而洋洋此时已经迫不及待地跑到了电视机前，打开了电视机，原来，今天电视机里会播放一部很有意思的动画片。

妈妈打开了洋洋的作业本，看第一眼就气坏了，作业本上有很多明显的错误，平时洋洋是不会犯这样的错误的。更令人气愤的是，前几天刚学过的知识点，洋洋居然也做错了。妈妈强压怒气对洋洋喊道："洋洋，过来一下，你自己看看，这么简单的题目怎么也做错了呢？做作业千万不能三心二意呀。对了，昨天让你给爷爷打电话问好，你打了吗？"

"妈妈，我当时记下了，想着过一会儿打，可一玩起玩具来，就忘了。现在我想看动画片，一会儿再去改作业，行吗？"

妈妈一听，知道洋洋已经出现分心、忘事的坏习惯，就认真地对他说："不行，马上改了，你这粗心大意的毛病太严重了，千万不可轻视。另外，现在你的学习压力越来越大，难免出现"挂一漏万"的情况。所以，从今天起，我们一起努力，在一个记事本上把每天要做的事随手记下来，再在睡觉前查看一下，看是否有漏做的事。你也要记得提醒我买菜、做家务。我们互相提醒，互相督促，好吗？"

"好的，妈妈，但是，我可以看完动画片再改吗？"

"不行！既然已经发现错误，就要立刻纠正，不能拖延。"妈妈很严肃地拒绝了他的请求。

"那好吧。"洋洋虽然很想看动画片，但也只好无奈地离开电视机，坐在书桌前改起了作业。而此时，妈妈也开始翻箱倒柜，找出了一个笔记本并交给他。

很快，洋洋就朝着妈妈叫道："妈妈，我改好了！"说完，不等妈妈说话，就又跑到了电视机前。

妈妈拿起作业本一看，还是有好几处错误。她知道洋洋还没有从内心认真对待这件事，于是就先等他把动画片看完。然后妈妈非常认真地和他沟通，指出他的毛病，并与他约法三章。洋洋这才认识到问题的严重性，承认自己是太想看动画片才胡乱写的作业。之后，洋洋采用了妈妈的建议，每天把要做的事记下来。经过一段时间的有效执行，洋洋粗心忘事的情况大有改善。

对于洋洋出现分心、忘事的坏习惯的情况，洋洋的妈妈处理得很好，所以这是一个非常成功的教育案例。那么，父母到底该怎样做才能让孩子改掉粗心大意的毛病呢？

1. 让孩子记录因粗心大意犯下的错误

孩子每一次的粗心大意，都会造成不大不小的坏结果，有的虽然无关痛痒，但父母如果不教育孩子，孩子就会强化意识：这样做，不会有人惩罚我。长此以往，孩子自控力越来越差，就像温水煮青蛙，等到孩子酿成大错，父母悔之晚矣。所以，父母要帮助孩子一起记录下孩子每次因粗心大意犯下的错误，不管大小，都不要漏掉，写清楚时间、犯的错误、造成的后果。孩子每一次的记录都是对他们自己的提醒和批评，这比父母对他们的提醒和批评效果要好，因为这对他们心理的冲击更大。久而久之，当他们每次翻看自己以前的荒唐行为，都会惭愧不已，并反过来提醒自己不可再犯。

2. 让孩子自己惩罚自己

惩罚是让孩子从心理上剔除坏习惯的手段之一，但父母惩罚孩子不如让孩子自己惩罚自己，因为人对于外在的压力总会本能排斥，不如让孩子自己给自己压力。父母让孩子写下承诺书，如果孩子再因粗心大意犯错，就会受到惩罚，具体受到什么样的惩罚让孩子自己来定。当孩子再因粗心大意犯错时，父母不要批评他们，让他们按自己写的承诺书受罚就行。这样做是让孩子形成一种自己管理自己的习惯，不要总依赖别人帮助他们改正缺点。多次的惩罚就会让他们在心理上形成强化：粗心大意的习惯是不好的，它让我受到了很多次惩罚，给我带来了很大的痛苦，我必须改正它。

3. 让孩子重视要做的事

孩子可能会忘记做作业，但从来不会忘了看动画片，这是为什么？很简单，在心理上他们认为看动画片这件事对他们更重要。显而易见，只要从内心重视起来，所有的粗心大意都可以得到有效预防。这在心理学上也有相对应的解释，当人们对所做的事情比较重视时，在大脑皮层上就会形成强烈的兴奋点，因而不容易出现差错。试想一下，一个天生喜爱钻研知识的孩子不会忘记写作业，更不会忘记带课本，因为他天天钻研、日思夜想，从来都不会忘记。

所以，改正粗心大意的坏习惯的办法之一就是要对所做的事情有足够的重视。父母要提高孩子对学习或他们所做的其他事情的重要性的认识，让孩子建立责任意识，长此以往，慢慢引导，就会使孩子逐渐改掉粗心大意的坏习惯。

总之，虽然改掉一个坏习惯很难，但父母要记住，孩子毕竟还年幼，一切都才开始，一切习惯都还不稳定，父母只要找到合适的方法，就能够成功地让孩子改掉坏习惯。父母不仅仅要从外部监督孩子改掉坏习惯，更要找到孩子形成坏习惯的心理根源，再"对症下药"，并让他们在心理上不断强化，使他们逐步改掉坏习惯。

宽松的教育环境，远胜严苛的态度

　　怎样教育孩子才会事半功倍？方法有很多，但有一点一定要牢记：孩子做错事，切记不可指责、打骂！

　　当孩子犯错时，父母一味地指责、批评并不明智，严厉的呵斥会让孩子加重自责感，甚至会使他们陷入恐惧的深渊，使他们变得畏首畏尾，做事放不开手脚。此外，孩子在成长过程中，不可能不犯错误。对于犯错的孩子，父母不要态度傲慢，而要耐心引导，这不仅对孩子是莫大的安慰，也能警醒孩子，帮助他们真正改正错误，不留遗憾。

　　父母要尽力为孩子的心理和人格发展提供广阔的空间，从多方面鼓励孩子，让孩子在正能量的氛围中健康成长。

　　刚刚上一年级的璐璐最近和班级里的孩子们一起学习了写10以内的数字。一天，临放学前，孩子们正埋头认真地写学过的数字，孩子们的父母也陆陆续续来接孩子。璐璐看到妈妈，刚要把作业本交给老师，妈妈却赶紧过去一把将作业本抢在手里："给妈妈看看，你写得怎么样？"妈妈刚翻开作业本就情绪崩溃，大叫起来："你这写的什么呀？东扭西歪的！重写！"说完，就一屁股坐在一旁的凳子上，"我今天就在这儿等着，你什么时候写好我们就什么时候回家！"璐璐堆满笑容的脸立刻"晴转多云"，眼里的泪花一下就涌了出来，嘴里什么都没说，默默拿起了笔，小心翼翼地开始写起来。妈妈干脆站起身走到璐璐身旁指导起来，璐璐写得不好就会被要求擦掉重写。妈妈在一旁还时不时吼两声："你怎么这么笨哪！跟你说了几次啦？5要拐弯，拐弯！你看人家蒙蒙写得多好哇！"璐璐一句话也不敢说，一切都按照妈妈的要求做，她还偷偷抬头看妈妈的表情，生怕自己写得不好惹妈妈发火。其实，这种粗暴的教育方式往往会让孩子缩手缩脚，无法充分发挥天性。

孩子在成长过程中总是在不断犯错、改错中进步。面对璐璐犯错，璐璐的妈妈给大家做了错误的示范。那么，父母面对孩子犯错应该怎么办呢？有的父母丝毫不讲究教育方法，一遇到问题就劈头盖脸地呵斥、指责孩子；有的父母则根本不批评孩子，无论事情谁对谁错、事儿大事儿小，总是跟孩子说"没关系"，毫无原则地帮孩子摆平。

这两种处理方法都不对。毫无理由的呵斥和制止会让孩子一直缩手缩脚；而父母无原则的原谅和"护犊子"，虽然是孩子最乐意见到的，却容易使孩子变得无法无天、毫无原则。因此，这两种方法都不可取。

当孩子犯了错，父母的态度决定了孩子的未来。不同的处理方式会造就孩子不同的性格，给孩子带来不同的影响。父母应以平等的态度、朋友的身份来与孩子沟通，帮助孩子解决问题，即便父母工作都非常忙，也要抽出时间与孩子建立亲密的亲子关系，避免与孩子的关系逐渐疏远。

面对犯错的孩子，首先，父母要学会控制自己的情绪，争取全面掌握孩子的心理，这是与孩子共同面对问题、解决问题的先决条件。其次，父母要有耐心，对孩子进行批评和惩罚时要掌握一个度，要细心分析事情的前因后果，让孩子明白为什么会被批评，一边安慰，一边消除孩子的抵触情绪，最终让孩子认识到错误，让孩子心甘情愿改正错误。

同时，从孩子的角度而言，由于心智尚未发育完全，在其幼小的心里，往往没有一个明确的对错标准，他们只是凭借一时的好奇与冲动认识周围的环境，这种认知逐渐促进了他们的动手能力的发展，同时也促进其智力的开发与思维的发展。心智的不成熟往往使他们无法控制自己的行为，做一些"出格"的事情。如果因此遭到严厉的呵斥和制止，孩子会不明白是怎么回事。如果父母还没有让孩子明白自己为什么会做错事情就一顿批评，这可能会给孩子造成极大伤害。因此，父母在处理孩子犯错的问题时，需要小心谨慎，既要考虑纠正孩子的错误，同时又要照顾孩子的真实感受、个人尊严等，不要给年幼的孩子强加大人的是非标准，不要破坏孩子眼中这个美丽、新奇的世界，要保护孩子探索世界的兴趣。

大部分父母在孩子犯错后，立刻就会针对孩子所犯的错展开"全方位"的批评，让孩子感受到巨大的压力和威胁，其实，这是不应该的。虽然孩子犯错应该受到惩罚，但父母一定要采取适当方法。

有一些父母会打骂自己的孩子，这就更不对了。这样教育出的孩子只会毫无道理地服从，失去独立思考和判断对错的能力。

还有一些父母更是让孩子必须承诺下不为例，这种"一刀切"的教育方式，体现出父母的独裁与专断思想，这种教育模式会让孩子变得非常软弱、优柔寡断，或者会使孩子的做事方式成为父母的"加强版"：做事更为专断，滥用暴力，从来不考虑别人的感受，最终成为一个难以相处的人。相信父母并不想看到这样的情况出现。

孩子在成长过程中，不可避免会遇到各种问题，此时父母先不必插手参与，而要观察孩子是否具有应对问题、解决问题的能力。如果发现孩子尚欠缺能力，父母要逐步介入，不要忽略孩子的参与感，要和他们一起分析原因，并在相互探讨中使孩子逐步弄清楚解决问题的方案，逐步提高孩子解决问题的能力。

父母要为孩子提供积极向上、宽松的教育环境，放手让孩子独自面对问题、解决问题，长此以往，父母会惊喜地发现，其实孩子能听得进意见和建议，也能够明白事情的后果。如果孩子一时间无法理解，父母可再从旁予以辅助，好好跟孩子沟通，让他们在亲子间抽丝剥茧的分析中明白现实真相。父母一定要把握好亲子沟通的机会，但要牢记"就事论事"，不可随意"翻旧账"。

总之，在孩子犯错时，父母不可过于苛责，一定要为孩子创造宽松的环境，这样才能够获得理想的教育成果。

给孩子一个积极的期望

美国著名的心理学家罗森塔尔曾经做过这样一项实验：罗森塔尔找到一个学校，声称要进行一个"学生未来发展趋势"的测验，于是他从校方手中得到了一份全体学生的名单。经过罗森塔尔的实验抽样后，他以赞赏的口吻向校长以及学生的老师提供了一份"最有前途学生"的名单，并叮嘱校长与老师一定要保密，避免给实验的准确性带来一定的影响。其实，罗森塔尔撒了一个"权威性谎言"，因为名单上的学生只是他随机从名单中挑选出来的。

不过，让人惊奇的是，在8个月后，奇迹出现了。上了"最有前途学生"名单的学生各科成绩都取得了不同程度的提高，并且这些学生性格活泼开朗，对生活充满着自信。罗森塔尔发现，这些学生求知欲旺盛，乐于与别人打交道。其实，这正是罗森塔尔的"权威性谎言"起到了作用。因为老师们对罗森塔尔的话深信不疑，所以老师们对罗森塔尔给出的"最有前途学生"名单上的那些学生产生了积极的期望，像对待聪明的孩子那样对待他们。

在这种"最有前途学生"的暗示下，很多老师改变以往的心态来对待这些学生，予以特别照顾以及关怀，因材施教，使得这些学生的成绩得以提高。对于那些被圈定的学生来说，感受到这种期望后，他们对生活充满着自信，进而提高了对自己的要求标准，也因此，他们在各方面都有了超乎寻常的进步，也就成了"最有前途的学生"了。

曾有心理学家说过，人性最深切的渴望就是获得他人的赞赏。

爱因斯坦长到 4 岁多了还不会说话，很多人认为他是一个天生的"傻子"。上学后，爱因斯坦成绩很差，在其他方面表现得也非常平庸，教导主任甚至向爱因斯坦的父亲断言："这个孩子将来会一事无成。"

面对人们的议论与讥笑，尤其是在教导主任给儿子下了结论后，担任电机工程师的父亲并没有对爱因斯坦失去信心，他相信自己的儿子一定能成才，并且期望爱因斯坦能获得伟大的成就。他对儿子说："你将会成为一个了不起的人物，你不久后就会明白的。"

同时，为了培养儿子的自信心，父亲为爱因斯坦买了积木，让爱因斯坦搭"房子"，爱因斯坦搭好一层父亲便表扬他一次。在父亲长期的鼓励下，爱因斯坦的情绪持续高涨，他对生活充满着热情，还怀着满满的求知欲。

父亲的期望点燃了爱因斯坦的希望之火，让爱因斯坦振作了起来，使爱因斯坦以一种不断进取的心态去努力奋进，最终成为伟大的物理学家。

在家庭教育中，父母对孩子的期望对孩子日后发展有一种潜移默化的影响。如果父母给孩子一个积极的期望，那么孩子就有可能朝着积极的方向改进，如果父母对孩子有偏见，那么孩子就会缺乏自控的能力，最后使自己沦落。

望子成龙一直是很多父母的一个重要愿望。可以说，现实中没有任何父母会不期望自己的孩子学业有成。其实，很多父母并没有意识到，自己对孩子的期望会无形中引领孩子的走向。在教育中，很多父母会抱怨孩子的种种"不行"，却往往没有想到，这种抱怨在无意中放大与加速了孩子的"不行"，最终使孩子彻底成为他们印象中"不行"的孩子。

父母要对孩子的未来建立期望心理，从而使孩子树立"我能够成功"的信念。由于孩子在年龄以及认知上存在局限性，所以，他们往往无法正确认识自己，无法准确地看清楚自己的优点和缺点，无法正确意识到自身存在的真正意义和价值。所以，在日常家庭教育中，父母应该一直保持乐观的心态，对孩子有一个积极的期望，同时积极运用赞美、激励的语言，使孩子能够树立起一种"我可以""我能做到""我一定能够完成""我一定能够取得成功"的坚定信念，这种积极的信念对孩子的健康成长和未来的健康发展是非常重要、非常有利的。

正确的家庭教育方式很重要

家庭教育对孩子正常的身心发展有着重要的影响。一般来讲，孩子的心理发展趋势是由家庭教育决定的。因此在家庭教育中，我们提倡科学的家教方式，这样有助于孩子形成健康的心理。

那么，为了使孩子形成健康的心理，父母应该怎么对孩子进行家庭教育呢？对此心理专家提出了几个建议。

1. 注重孩子的思想品德教育

当前，有很多的父母往往只关注孩子的学业，在他们的眼里分数就是一切，他们甚至把分数当成评判孩子好坏的一个重要标准。因此，在培养孩子方面，父母更加注重孩子应试能力的培养，而对孩子的兴趣、理想、意志等非智力因素关注不够。

同时，父母对孩子的奖惩也采取了分数制。当孩子考好了，父母就笑逐颜开，对孩子有求必应；而当孩子考差了，父母就对孩子横眉冷对，甚至打骂孩子。这种不合理的教育方式，使得许多孩子心力交瘁，自暴自弃。

其实，做人是一切的根本。父母在教育孩子的时候，最根本的一点是要让孩子"学会做人"，这才是家庭教育的主题。

2.在家庭教育中要以身作则

常言道：上梁不正下梁歪。这也说明了榜样的影响非同一般。父母在家教中的以身作则也对孩子的身心发展起着关键的作用，特别是对孩子观念以及意识的形成有着很大的影响。

在现实中，有些父母道德修养不足，他们的行为举止对孩子的发展有不利影响。在家庭教育中父母首先要正己，为孩子树立一个积极进取、爱憎分明、开朗、乐观、自信、友爱的榜样，这样才能引导孩子向正确的方向发展。

3.对孩子的教育要因时施教

在当前的家庭教育中，很多父母对孩子实施超前教育。人们常常看到，父母在教育孩子的时候会采取"大跃进"的模式。在孩子1岁时父母就教他识字，2岁时教他背诗，3岁时教他计算，有的父母甚至在孩子幼儿园还未毕业的时候，就让他学习奥数或参加舞蹈、绘画、钢琴、书法等艺术特长班。父母没有根据孩子具体的年龄、能力以及兴趣爱好选择合适的方式培养孩子。父母这样的教育方式不仅仅给孩子带来了压力，更会严重地影响孩子的心理发展。因此，在家庭教育中，父母要根据孩子的生理成长特点并遵循教育规律来对孩子进行教育，因时而异，循序渐进，这样才有利于孩子的发展。

4. 加强与学校的交流

在现实中，有的父母对孩子宠爱有加，学校搞点劳动就怕孩子受累，反对学校对孩子进行类似的教育；有的父母对孩子在学校的表现不闻不问，对孩子放任自流；还有的父母对学校的教育方式不理解，横加指责，这也使家庭教育与学校教育之间产生了裂痕。

孩子的成长需要家庭与学校的密切合作。在孩子的教育上，父母要及时与老师进行沟通，通过电话、校访以及书信等形式了解学校、了解教师以及了解孩子，确保孩子的身心能够健康发展。

5. 对孩子不能太过严厉

在家庭教育中，有不少的父母对孩子抱着过高的期望。望子成龙之心是所有父母都会有的。有些父母在此心理的引导下，绝对不容许孩子犯错误。孩子犯一点小错误，很多父母就不分青红皂白地一味打骂孩子。这样给孩子的心理正常发展带来了严重的消极影响。

爱要有度，父母在教育孩子的时候，一定要根据孩子自身的能力提出要求，注重与孩子的沟通，严爱有度，建立赏罚分明的激励机制，采取多种教育方式来促使孩子在和谐健康的环境中成长。

6. 不要侵入孩子的私人空间

最近几年，有一个词逐渐"热"了起来，经常被我们的孩子挂在嘴边，那就是"隐私"。在父母的认知里，孩子十分简单，他们的生活似乎是透明的，没什么需要对别人隐瞒的东西。父母如果这样想，那就错了……

明明上小学四年级了，明明妈妈讲述了关于明明的一件有趣的事：我儿子从小有个爱好，就是喜欢在纸上写写画画，而且都是原创。他会常常在本子上写一些小小说，或者是画一些小漫画。他的文笔很有意思，画技也还可以，于是，他的爷爷奶奶没事时都喜欢把他的"杰作"找出来欣赏并赞叹一番。因为忙于工作，我和他爸爸一直没有欣赏过他的"杰作"，大多只是听老人给我们转述的。听老人们说得那么有意思，我们就很想看一看。

于是有一次，趁儿子还没睡醒，我和丈夫找出他的本子翻看，想不到被突然醒来的儿子发现了，他很生气地说："你们在干什么！别乱翻我的东西！别动我的书包好不好？"

"你在说什么呢？这么没礼貌！这是什么秘密吗？"我问道。

"虽然不是什么秘密，可这是我的私人空间，你们说我没礼貌，你们不尊重我的隐私权，你们才更没有礼貌呢！"

诸如明明说过的话，你的孩子是不是也对你说过呢？他们的话是不是像重锤一样敲在你的心上呢？父母一直觉得孩子还小，认为孩子没什么太多的思想，没什么不能让别人知道的事情。但事实是，就算是再小的孩子有时也需要一些私人空间。比如，你的孩子可能会想要自己上厕所，自己穿衣服或脱衣服，在自己的房间里看书或在父母看不见的地方和小朋友玩耍。

尽管父母可能会觉得这些要求很有趣，但一定不要笑出来。

相反，父母要对他们的这些要求表现出尊重。父母在关注孩子的物质生活的同时，也需要了解孩子的一些"死穴"，也就是哪些东西是他们愿意与父母分享的，哪些东西只能放在他们的私密空间，而且要注意不要擅闯这些"死穴"，否则会给孩子带来伤害。

在日常生活中，其实有非常多的细节需要父母注意。可能有些父母已经形成了某些习惯，对孩子的很多事都不在意，但是孩子是不一样的。随着孩子年龄的增长，父母对待孩子私人空间的态度也越来越重要，父母要尊重孩子的隐私，这是对孩子最好的教育。要知道，孩子也有他们自己独立的人格，而不是父母的小跟班、小宠物。

给孩子一个可以打破的碗

　　孩子小的时候好动，拿东西拿不稳，不能掌握轻重程度，于是许多家庭害怕孩子吃饭时打破碗，便给孩子准备了一个打不破的专用碗。然而有个妈妈却反其道而行之，给孩子准备了一个可以打破的碗。

　　丝丝一直没有固定的碗，每次吃饭都和大人使用一样的瓷碗。丝丝在 2 岁的时候，有一次吃饭，不小心把碗掉在了地上，碗被打碎了。丝丝第一次打碎碗，看见满地的碎片十分惊恐，"哇"的一声哭了。当孩子看到自己因为不小心而把完好无缺的碗变得粉碎时，心中肯定充满了不安和自责。妈妈安慰丝丝说："没关系，我们一起收拾碎片，一起想办法以后怎么才能不让碗打破。"丝丝跟妈妈一起清扫了碎片，然后妈妈又给丝丝拿了一个碗，丝丝非常开心，十分小心地把碗放到桌子上，还用手护着碗不让它掉下去。从那以后，丝丝就很少打破碗了。

孩子第一次打破碗时都十分害怕，并且孩子也不是故意的。这是因为他们的小手还不太灵活，没拿稳才把碗打破了。当他们打破一次碗后，就会想办法不再把碗摔破。倘若大人因为孩子打破了一只碗就不再信任孩子，不给他们使用瓷碗，那么孩子会感受到大人对他们的不信任，他们会觉得自己只会给父母添乱，损坏父母的东西，自己什么事也做不好。孩子世界观还未发育成熟，他们会根据父母的行为和父母对自己的评价定位自己，久而久之，孩子就会因为这种不被信任的感觉怀疑自己，变得不自信。并且，那些平时用不锈钢碗或者是塑料碗的孩子更容易打碎瓷碗，因为他们的父母不信任他们，没有给他们用过瓷碗，他们也就没有"陶瓷易碎"的意识。

给孩子一个可以打破的碗，不仅仅能锻炼孩子的肢体动作，更重要的是能让孩子感受到父母的信任，变得有自信。不过，父母的信任不是盲目给的，当孩子做某些可能产生危险后果的事情时，父母一定要事先检查，排除可能伤害到孩子的隐患，尽可能避免危险发生。比如让3岁的孩子收拾碗筷时，父母一定要保证地面不潮湿，确认孩子的鞋是防滑的，并挪开周围的障碍物，以防孩子摔倒撞伤。事实证明，孩子有着巨大的潜力，孩子能够做到很多事情，只是有些父母不相信孩子，没有给孩子足够的机会。

父母都希望自己的孩子自信阳光，但有的父母却在不经意间流露出对孩子的不信任。父母自己都对孩子不信任，怎么让孩子充满自信呢。而且，孩子也能够察觉到父母对自己是否信任。

一次，丝丝在草地上画画，丹丹拉着妈妈的手好奇地走了过来。丹丹妈妈看到丝丝画的画后，夸丝丝是个聪明的孩子："看，画得多好哇，丝丝长大以后要当画家吗？"丝丝开心地说："我要做画家，丹丹要做什么呀？"丹丹说："我要做歌手。"丹丹的妈妈说："她能做什么歌手哇！她唱歌唱得不好，在不熟悉的人面前还胆小得不得了。不像丝丝，画画得这么好，唱歌也不错，还那么大方！"丝丝和丹丹顿时愣住了，尤其是丹丹，听妈妈这么说，脸上的笑容不见了，站在旁边发呆。

父母要让孩子做一些他们觉得有价值的事情，不要刻意保护，如果怕这怕那，会硬生生地剥夺孩子宝贵的学习机会，会让孩子否定自我。如果父母对孩子多一点信任，多一点鼓励，少一点打击和否定，也许孩子长大以后真能向自己幼时的想法发展呢！

孩子的自信是建立在独立做好一件事情后获得成就感的基础上的，倘若父母天天把"你真棒"挂在嘴上，不让孩子真正独立完成一件事，孩子的自信还是建立不起来。父母要放手让孩子去做，而不是只有口头夸奖。父母要让孩子去做他们感兴趣的事情，哪怕这件事情看起来孩子不能完成。如果担心孩子的安全，那么父母要做的是给孩子创造一个安全的环境，让他们能够在一个安全的环境下独立做事，而不是阻挠孩子。

你信任孩子，孩子就信任你

　　人与人之间需要相互理解，相互沟通，彼此接纳，建立相互信任的关系。父母与孩子建立彼此之间的信任十分重要，因为有了彼此的信任，孩子才会相信父母对自己的评价，孩子才会在关键时刻考虑和听从父母的建议，孩子才能在信任的眼光中快乐成长。相互之间的尊重、有效的沟通和对孩子无条件的爱可以帮助父母赢得孩子的信任。

　　有位妈妈讲过这样一件事情：刚开始为豆豆换学校时我和豆豆爸爸都很紧张，唯恐豆豆说不喜欢这个学校，要回老学校。为此豆豆爸爸还做了两手准备，和豆豆的老学校商量好，如果豆豆不喜欢新学校就再回来。为了让豆豆放心，豆豆爸爸耐心地告诉豆豆："转到新的学校了，你还可以再回来看你的好朋友和老师。"豆豆过5岁生日的时候，我们特意为豆豆安排了老同学专场，而且为了保持和老同学的关系，我们和豆豆还继续参加老学校的一些活动。

新学校开学第一天，豆豆嘴里说不愿意上学，但路上却一直在练习写自己的名字，因为新学校要求学生要会写自己的名字。豆豆爸爸看在眼里，眼泪都快要掉下来了，觉得孩子换学校的压力一定很大，从豆豆的表现就可知一二。

　　到了学校，我们看到有个孩子在衣帽间里哭，孩子的父母一直在安慰孩子，但孩子还是哭个不停。豆豆开玩笑安慰我们说："你们俩真幸运，哭的孩子不是我。"到了教室，豆豆就好像完全变了一个人，找到写有自己名字的座位，拿着桌上老师准备好的笔就写了起来。他对我们说："你们放心走吧，我没问题，下午见。"

　　放学的时候，我们一起去接豆豆，豆豆说："这个学校的活动很有趣，我喜欢这个学校。"我和豆豆爸爸明白豆豆是在安慰我们，看到豆豆穿着的白衬衫上有两个扣子松开了，我们心里明白豆豆对新的环境一定有些不适应，所以用手摆弄扣子，扣子才会松开。但豆豆不这么说，他说："不知道为什么扣子会松开。"这样的情况持续了几天，后来就没有再发生了，现在豆豆已经完全适应了新学校。

　　经过了半个多学期的时间，豆豆学到了很多的知识和技能，变得越来越独立，对我们的选择也非常的感激，有时会对我们说："谢谢爸爸妈妈为我选的新学校，我真的好喜欢。"爸爸问："当初你同意到新学校试试，是不是出于对爸爸妈妈的信任？"豆豆点头答是。

　　豆豆的父母根据平时的经验发现豆豆愿意尝试一些以前从未遇到过的东西都是出于对父母的信任。孩子面对不太确定的事情时，会因为没有尝试过，而拿不定主意，感到害怕。但是信任父母的孩子会在父母的鼓励下答应尝试，因为孩子知道父母是真心爱他们的，会为他们好，他们也知道父母不会强迫自己做不想做的事。出于对父母的信任和尊重，孩子会很愿意尝试新事物，也很听话。信任是相互的，父母信任孩子，孩子就信任父母。

1996年，美国有一位身无分文的青年，他特别看好电子商务，并决定在这个领域发展。那么资金问题如何解决呢？他首先想到自己的父母，当时他父母有30万美元的养老金。当他向父母说明了他的想法后，他的父母商量了一会儿，就把钱交给了儿子，并说道："我们对互联网不了解，更不知道什么是电子商务，但我们了解、相信你——我们的儿子！"这位青年就是亚马逊公司的创始人——贝索斯。

贝索斯的成功不能说完全归功于他的父母，但是他的父母所起到的作用确实非常重要。除了早期的资金支持外，他们对贝索斯的信任给贝索斯带来了无穷的精神力量。

尊重、沟通和对孩子无条件的爱会赢得孩子的信任。平时，父母要信任孩子，要鼓励孩子做许多事情，要相信孩子在学校一定会做得很好，这会让孩子每天都充满自信。

孩子害怕黑暗是正常的心理反应，不要对孩子的恐惧心理过度苛责，而要查明孩子产生恐惧心理的原因，然后和孩子一起分析原因，逐渐引导孩子掌握科学知识，克服黑暗带来的恐惧感。

如果父母的教育方式不当，与孩子沟通时总是反复说一些无意义的事情，孩子的不满和厌烦情绪就会慢慢积累，对父母的言语越来越不耐烦。

孩子因为年纪小，所以自控能力较差，脾气与情绪往往表现得比大人还强烈。父母要及早疏通孩子的情绪，不让坏情绪聚集。

好父母日常家教演练

1. 你认为用哪些方法培养孩子的独立自主能力比较有效？为什么？

　　_____

　　_____

　　_____

2. 在日常和孩子的沟通中，你采取的是高高在上的态度还是平等温和的态度？

　　_____

　　_____

　　_____

3. 在批评孩子时，你有"翻旧账"的习惯吗？

　　_____

　　_____

　　_____

4. 当孩子有马虎、大意等坏习惯时，你能第一时间警惕并帮助他改正吗？

　　_____

　　_____

　　_____

5. 你认为使用指责、打骂的方式教育孩子有效吗？

　　_____

　　_____

　　_____